Felicidad que permanece
Lo esencial de las constelaciones familiares

Bert Hellinger

R Rigden

Título original
Glück, das bleibt

Título
Felicidad que permanece
Lo esencial de las constelaciones familiares

Primera edición: octubre de 2007
Primera reimpresión: abril de 2009
Décima reimpresión: junio de 2025

© **2006 Bert Hellinger**

© 2007 para la edición en castellano
Rigden Edit S.L.

Traducción
Luis Ogg

Diseño de portada
Bárbara Pardo

Impresión y encuadernación
Artes Gráficas COFÁS - Móstoles (Madrid)

Impreso en España

Depósito Legal
M. 400-2017

ISBN
978-84-944798-2-3

RIGDEN-INSTITUT GESTALT
Verdi, 92, Planta 1.ª
08012 - Barcelona
www. rigden-institutgestalt.com
e-mail: info@rigden-institutgestalt.com

Reservados todos los derechos. Queda rigurosamente prohibida, sin la autorización
escrita de los titulares del *copyright*, bajo las sanciones establecidas en las leyes, la repro-
ducción parcial o total de esta obra por cualquier medio o procedimiento, comprendi-
dos la reprografía y el tratamiento informático, así como la distribución de ejemplares
mediante alquiler o préstamo público.

ÍNDICE

Queridos lectores 9

LA FELICIDAD PLENA

La sorpresa 13
Pleno significa al completo 13
¿Quién me falta? 14
La salud plena 14
«Ahora me quedo» 16
«Mamá, voy» 18
El precio 18
Ha funcionado 19

EL AMOR

«Te amo» 23
El bajo continuo 23
Amor que une y amor que separa 24
El sexo 26
Amor a segunda vista 26
Las familias también vibran 28
La perfección 28
Cómo lograr conjuntamente el amor y la vida 29
Lo que hace que las parejas crezcan juntas 30

Aprender el amor de los padres 30

Tomar con amor 31

Tomar más allá del bien y del mal 32

Meditación: la preparación a la relación de pareja 33

Lo creativo y divino 34

Crecer en la relación de pareja 34

Cómo hacer que nuestra relación de pareja sea
un logro 35

La relación sexual 35

El amor del corazón 36

La vida en común 36

Amor y orden 37

La cotidianidad de la relación de pareja 40

Sí 40

Por favor 41

Gracias 42

La decepción 42

Los viejos vínculos permanecen 43

Los campos anímicos 44

Ejemplo: el laberinto del alma 45

La comunidad de destinos 46

Lo otro en la relación de pareja 49

Hombres y mujeres son diferentes 49

También las familias son diferentes 50

Estar en armonía con nuestros límites 51

Amor duradero 52

El paraíso 53

La entrega 54

Íntimamente 55

Hijos felices

¿Qué hace felices a los hijos?	59
Ayudar a hijos difíciles	60
El amor sapiente	60
La buena y la mala conciencia	60
La implicación	61
El amor ciego	63
El orden	63
Todos los niños son buenos... y sus padres también	64
El campo espiritual	65
El amor oculto del niño	67
El orden	68
Ejemplo: «Me quedo contigo»	69
Ejemplo: la hija no quiere estudiar	70
Ambos padres	72
El movimiento interrumpido	73
Cómo se lleva a su destino, posteriormente, el movimiento interrumpido	74
Por los padres	74
Por representantes de los padres	75
La inclinación profunda	75
El movimiento amoroso más allá de los padres	76
Ayudar a los niños con cuentos	77
El grifo gotea	77
La despedida	79

Lo que nos hace felices

¿Qué hace felices a los hombres?	83
El sentimiento básico	83

La felicidad en la pareja 84
El instante 85
Ejemplo: el trabajo 86
Tomar totalmente a los padres 88
Felicidad por la benevolencia para todos 89
Felicidad e infelicidad 90
La felicidad de la pertenencia 90
La felicidad ciega 92
La felicidad es más que el sentimiento
de inocencia 93
Tragedias 94
Vibrar juntos 95
La fuerza originaria 96
La serenidad 97

LAS CONSTELACIONES FAMILIARES

El futuro de las constelaciones familiares 101
Los inicios 101
La conciencia 102
Los movimientos del alma 103
Los movimientos del espíritu 104

APÉNDICE

Libros de Bert Hellinger 109

QUERIDOS LECTORES:

Más es, en este libro, esencial. Más es lo que sirve a la vida y a la felicidad que permanece. ¿Qué felicidad permanece? La felicidad que se siente bien entre nosotros porque la respetamos y compartimos.

¿Cómo la compartimos? Cuando queremos bien (es decir, literalmente, somos benevolentes) a otras personas y les deseamos el bien en todos los aspectos. Entonces nuestra felicidad se alegra. Se siente bien entre nosotros y a su vez nos quiere bien... permanentemente.

Lo que significa benevolencia y qué conduce a ella se vive de forma especialmente grata en las constelaciones familiares. En este libro he resumido de modo fácilmente inteligible lo que las constelaciones familiares han revelado sobre la felicidad permanente. Describo, ante todo, qué han revelado sobre la vida y sobre el amor.

También he publicado estas páginas en formato de audiolibro. La palabra oída alcanza más hondamente el alma y la conmueve de modo inmediato. ¿Qué clase de conmoción? Una conmoción de amor que permanece. ¿Cómo permanece en esa conmoción? Feliz.

Vuestro,

BERT HELLINGER

La felicidad plena

LA SORPRESA

«Esto es muy fácil», dicen muchos que experimentan por primera vez la constelación familiar. En un grupo, uno elige a unas personas totalmente desconocidas para que representen a los padres y a los hermanos de alguien, él mismo incluido, los reparte en el espacio en relación entre sí y se sienta. De repente lo ve claro: «¿Esto se supone que es mi familia? La recordaba muy diferente.»

¿Qué ha pasado? Todos miran en la misma dirección. Él mismo, es decir su representante, incluso está muy alejado de la familia. Si entonces se les pregunta a los representantes qué les pasa sale a relucir que les falta algo. Así que les pongo delante a otro representante allí adonde todos miran. Sus caras se aclaran. Se sienten mejor.

Eso ha sido una constelación familiar típica. No puede ser más sencillo. Pero ¿qué ha salido a relucir realmente? El hombre cuenta que tenía un hermano que murió al poco de nacer. Después ya no se lo mencionó en la familia, como si ya no formara parte de ella.

PLENO SIGNIFICA AL COMPLETO

Mi felicidad es plena cuando todos los que forman parte de mi familia tienen un lugar en mi corazón. Si, como en el ejemplo de arriba, se excluyó u olvidó a alguien, empieza en nosotros y en nuestra familia su búsqueda. Percibimos que nos falta algo, pero a menudo no sabemos dónde buscar. Una búsqueda de ese tipo lleva, a veces, a la adicción, a veces también a la búsqueda de Dios. Sentimos un vacío en nosotros, un vacío que queremos llenar.

¿QUIÉN ME FALTA?

Podemos comprobar en nosotros si nos falta alguien. Nos tomamos cinco minutos y cerramos los ojos. Nos dirigimos internamente a cada uno de los que pertenecen a nuestra familia. Los miramos a los ojos, también a los que ya llevan mucho tiempo muertos. Les decimos: «Te veo. Te respeto. Te doy un lugar en mi alma.» Percibimos inmediatamente que nos sentimos más plenos.

Al mismo tiempo sentimos si falta alguien. Por ejemplo, alguien olvidado, alguien a quien la familia vivía como una carga, alguien de quien se quería librar. También a ellos los miramos a los ojos. Les decimos: «Te veo. Te respeto. Te amo. Te doy en mi corazón el lugar que te corresponde.» De nuevo percibimos qué efecto tiene en nosotros y cómo estamos más plenos.

LA SALUD PLENA

Uno de los conocimientos de largo alcance de las constelaciones familiares tiene que ver con nuestra salud, la salud plena.

Muchas enfermedades representan a personas de las que

nosotros o nuestra familia se quiere librar, que hemos olvidado o excluido. También eso lo podemos comprobar en nosotros.

De nuevo nos tomamos cinco minutos y cerramos los ojos. Nos hundimos en nuestro cuerpo y sentimos dónde nos duele algo, dónde hay algo enfermo.

¿Cuál es, por lo general, nuestra respuesta? Queremos librarnos de lo que nos duele y de lo que nos enferma, de modo parecido a como nosotros o nuestra familia nos queríamos librar de una persona.

Ahora recorremos el camino inverso. Acogemos con amor en nuestra alma y en nuestro corazón lo que nos duele y lo que nos enferma. Le decimos: «Puedes quedarte conmigo. En mí puedes alcanzar la paz.» Mientras tanto prestamos atención al efecto que tiene sobre nuestro cuerpo y qué provoca en él. A menudo un dolor cede y nos sentimos aliviados.

En un paso siguiente tratamos de percibir hacia qué persona se dirige la mirada de esa enfermedad y ese dolor. A qué persona excluida u olvidada. A qué persona, a la que acaso nosotros o nuestra familia haya tratado injustamente.

Al cabo de un rato lo sabemos o lo intuimos. Miramos a esa persona junto con nuestro dolor y nuestra enfermedad. Le decimos: «Ahora te veo. Ahora te respeto. Ahora te amo. Ahora te doy un lugar en mi corazón.»

¿Cómo estamos entonces? ¿Cómo está nuestra enfermedad? ¿Cómo está nuestro dolor? También en este caso, pleno significa al completo.

«AHORA ME QUEDO»

En una gran escuela de México se dirigieron a mí algunos profesores y padres porque estaban preocupados por los niños. Querían ayudar a esos niños. Una profesora, por ejemplo, estaba preocupada por un muchacho de catorce años que ya no quería estudiar en el colegio. Así que hice que esa profesora se colocara y puse al adolescente a su lado. Ambos padres estaban presentes. Los coloqué enfrente del chico y de la profesora.

Cuando miré al muchacho observé que estaba triste y se lo dije: «Estás triste.» Inmediatamente le corrieron las lágrimas, y a su madre también. Todos pudieron ver que el chico estaba triste porque lo estaba su madre.

Le pregunté a la madre qué había ocurrido en su familia de origen. Dijo: «Tuve una hermana gemela que murió al nacer.» Es decir que había echado en falta a su hermana gemela. También su familia había echado de menos a la hermana gemela muerta. Había perdido su puesto en esa familia. Pensar en ella y recordarla era demasiado doloroso para los demás.

De modo que elegí a una representante para esa hermana gemela muerta. La coloqué separada de los demás e hice que mirara hacia fuera, tal como ocurría realmente en esa familia.

Todos miraron a la gemela muerta, sobre todo la madre. Por eso la coloqué detrás de su hermana gemela, también con la mirada hacia fuera, y le pregunté: «¿Cómo estás aquí?» Ella dijo: «Aquí estoy bien.»

Después coloqué al muchacho en el lugar de su madre, detrás de la gemela, y le pregunté qué tal estaba allí. También él dijo: «Aquí estoy bien.»

FELICIDAD QUE PERMANECE

¿Qué es, pues, lo que salió a relucir en ese caso? La madre quería ir con su gemela muerta. Estrictamente, esto significaba, sin embargo, que quería seguirla a la muerte. Su hijo había percibido en su alma que su madre deseaba ir a la muerte con su hermana. Es decir que se dijo en su alma: «Yo moriré en tu lugar.»

No es de sorprender que ya no quisiera estudiar en el colegio. ¿Para qué necesita aprender algo alguien que quiere morir?

Aquí podemos ver qué efecto tiene el que alguien sea excluido, o sea: cuando esa persona ha perdido su lugar en la familia.

¿Cuál es la solución en este caso? Es muy fácil. Se devuelve la hermana gemela muerta a la familia, donde recibe el lugar que le corresponde.

¿Cómo resultaba eso en la constelación familiar? Coloqué a la gemela muerta en la familia al lado de la madre. Ambas se abrazaron íntimamente entre lágrimas. Ya no hacía falta que la madre siguiera a su gemela a la muerte. La tenía consigo en la familia.

Todos los miembros de la familia estaban, de pronto, mucho mejor, sobre todo el marido. Podemos imaginar fácilmente qué le había pasado con su mujer, al haber sentido todos esos años que ella deseaba la muerte.

Así que hice que la madre mirara a su marido a los ojos y que dijera: «Ahora me quedo.» Lo dijo y ambos se abrazaron, felices.

Luego la madre se volvió a su hijo. También le miró a los ojos y dijo: «Ahora me quedo, y me alegraré que tú también te quedes.» El muchacho estaba radiante. Su tristeza había pasado.

«MAMÁ, VOY»

Una mujer sufría porque su hija había roto la comunicación con ella desde hacía años. Leyó mi libro *Órdenes del amor* y comprendió que su hija tenía una relación interna con personas a las que se les negaba el lugar que les correspondía en la familia. Pensaba en dos personas: en la primera esposa de su marido y en su suegro.

Por la noche encendió una vela en honor de la primera esposa de su marido. Se imaginó que se encontraba delante de ella y le miraba a los ojos. Se inclinó profundamente ante ella y le dijo: «Te hago honor.»

La noche siguiente hizo lo mismo por su suegro. También encendió una vela por él y se imaginó que estaba delante de él y le miraba a los ojos. Se inclinó asimismo profundamente ante él y le dijo: «Te hago honor.»

Al día siguiente telefoneó su hija: «Mamá, voy.»

EL PRECIO

¿A quién se le niega con especial frecuencia el lugar que le corresponde en una familia? Se trata de parejas anteriores de los padres o de los abuelos. Han dejado sitio para otra pareja y para los hijos posteriores. A menudo incluso han pagado un alto precio personal para la felicidad de estos.

En el ejemplo de las parejas anteriores podemos percibir del modo más impresionante cuán vastas consecuencias tiene en una familia el que a alguien se le niegue el respeto y el amor al que tiene derecho.

En la constelación familiar se revela que las parejas anteriores quedan representadas más tarde por un hijo de la nueva relación. Ese hijo adopta los sentimientos de aquellas y los manifiesta también frente a los padres. Representa a esas parejas y a veces también adopta su destino.

HA FUNCIONADO

Un amigo me contaba que su hijo pequeño a veces era capaz de sacarlos a él y a su mujer de sus casillas con su comportamiento. Dijo: «Sabe muy bien qué nos enfurece y no para hasta haberlo conseguido. Entones apenas somos capaces de dominarnos.»

Yo le dije: «Tú ya estuviste casado antes de ahora. ¿No sabes que los hijos de segundas nupcias hacen recordar a las parejas anteriores con su comportamiento?»

Me preguntó: «¿Qué hemos de hacer? Con mi mujer pasa lo mismo. También ella tuvo antes a otro marido.»

Le dije: «La próxima vez que sientas tu cólera mira por encima de tu hijo a tu primera mujer, con respeto y amor. Y dile a tu mujer que haga lo mismo con su primer marido.»

A las cuatro semanas volvimos a encontrarnos. «Oye —me dijo—, ha funcionado de inmediato.»

El amor

«TE AMO»

¿Quién puede decir algo así: «Te amo.»? ¿Qué ocurre en su alma cuando dice esta frase? ¿Qué pasa en el alma del otro cuando se dice esta frase?

El alma de quien dice sinceramente esta frase, tiembla. En ella se reúne algo que crece como una ola y lo arrastra. Puede que se defienda de ella por miedo de adónde lo eleva y a qué orilla lo lanzará.

Puede que también el otro o la otra a quien se dice esta frase tiemble. Intuyen qué cambia en ellos, cuánto puede comprometerlos y determinar su vida para siempre.

Está también el miedo a si seremos capaces de mantener esta frase y estamos de acuerdo con ella en todo su alcance y nos podemos abrir a ella, independientemente de si la hemos dicho o nos la han dicho.

Pero no hay frase más hermosa, que nos conmueva tan profundamente y nos una tan íntimamente con otra persona.

Es una frase humilde. Nos empequeñece y engrandece al mismo tiempo. Nos hace profundamente humanos.

EL BAJO CONTINUO

Una relación de pareja se interpreta como un concierto barroco. En lo alto suena una diversidad de las melodías más bonitas, y debajo suena el bajo continuo, que conduce y unifica y porta las melodías y les da su peso y su plenitud. En una relación de pareja, el bajo continuo dice: «Te tomo, te tomo, te tomo. Te tomo por mujer. Te tomo por marido. Te tomo y me entrego, con amor.»

AMOR QUE UNE Y AMOR QUE SEPARA

Cuando se encuentran un hombre y una mujer, el hombre se da cuenta de que le falta algo y la mujer se da cuenta de que le falta algo. ¿Qué es, al fin y al cabo, un hombre sin mujer y qué es una mujer sin hombre? El hombre es referido a una mujer y la mujer es referida a un hombre. Al unirse, cada uno obtiene lo que le falta. El hombre obtiene a la mujer y la mujer obtiene al hombre. Para el hombre, admitir que le falta la mujer, y para la mujer, admitir que le falta el hombre es humilde. No resulta fácil. Cada uno reconoce con ello sus límites.

Algunos quieren rehuir esta confesión; el hombre, por ejemplo, desarrollando en sí lo femenino y la mujer desarrollando en sí lo masculino. Porque entonces el hombre ya no necesita mujer y la mujer ya no necesita hombre. Entonces pueden ser sin el otro.

Una relación de pareja está conseguida cuando el hombre y la mujer admiten que les falta el otro, que necesitan al otro para ser completos. Si se regalan mutuamente lo que al otro le falta son perfectos y completos.

El amor de hombre y mujer alcanza su plenitud en la consumación sexual. La consumación sexual es aquello a lo que se dirige la relación de pareja. Es la consumación más profunda de la vida y muy superior a cualquier otra, también la consumación más espiritual. A través de ella estamos en armonía con lo esencial del mundo. Porque ¿qué nos compromete más con lo esencial de la vida y con qué crecemos más que con esta consumación y sus consecuencias?

Hay algo más relacionado con esa consumación. A través de la consumación sexual surge un vínculo. Después de ella, la pareja ya no logra desunirse. Por eso no se la puede tratar como si fuera cualquier cosa. Tiene vastas consecuencias.

Qué significa el vínculo y cuán profundo es podemos comprobarlo por el dolor y el sentimiento de culpa y de fracaso que experimenta una pareja en caso de separación. No pueden separarse sin sentir y reconocer ese vínculo.

Qué efecto tiene sobre las relaciones posteriores podemos comprobarlo porque un hijo de la segunda relación representa a la pareja de la primera. Tiene los sentimientos de esa pareja y los expresa frente a sus padres. Es decir que no se puede jugar con las relaciones anteriores. Siguen actuando.

Podemos observar también que cuando una pareja se separa y sus miembros se relacionan con parejas nuevas y estas a su vez se separan, en la segunda separación el dolor y el sentimiento de culpa son menores que en la primera separación. En una tercera separación, el dolor y el sentimiento de culpa son menores todavía, y al cabo de cierto tiempo ya no importan. Por regla general, en una nueva pareja, sus miembros no se atreven a tomar del mismo modo íntimo a la nueva pareja como en el caso de la primera.

Hay una solución para ellos si, en la primera separación, siguen respetando y amando a la pareja anterior. No siempre lo consiguen los dos miembros a la vez. En este caso, resta para ambos algo doloroso.

EL SEXO

«Sexo» es, para el alma, un palabro, pues le falta el alma, la profundidad, la pasión plena, el reconocimiento del otro y el reconocerse y encontrarse en el otro.

Cuánta fuerza tiene, por el contrario, la vieja palabra voluptuosidad. En ella se siente el movimiento, el calor, la pasión, el ovillo, la fuerza, el abrazo, el impulso adelante, la culminación y la relajación beatífica. Frente a ella, sexo es distante y como la comida rápida frente a un banquete.

La voluptuosidad es vida, sobrecogedora en su fuerza, y es fértil en todos los sentidos. Ella se convierte en algo mucho más allá de lo personal y lo egocéntrico. Pero está fuera de control, rebosante, pues está dirigida y soportada por algo más grande. En ella se complace el alma.

¿Hemos de reintroducir esa palabra? No. Es demasiado frágil, como algo sacro. Pero lo mejor es que dejemos de lado la palabra sexo. Al fin y al cabo, con todo lo que relacionamos con ella, es un barbarismo para el alma.

AMOR A SEGUNDA VISTA

Cuando un hombre se encuentra con una mujer por la que se siente atraído de modo especial, y una mujer, cuando se encuentra con ese hombre y se siente atraída de modo muy especial por él, a ambos los recorre un sentimiento de felicidad desconocido hasta entonces y un deseo que los posee totalmente. Sienten esa felicidad y ese deseo como amor. Cuando el hombre le dice entonces a la mujer: «Te amo», y cuando la mujer también le dice: «Te amo», se unen y se convierten en una pareja.

Pero ese primer amor que se sienten mutuamente y que se confiesan, ¿es lo bastante fuerte como para vincularlos duraderamente? ¿Incluso si al cabo de cierto tiempo resulta que los caminos diferentes que han recorrido hasta entonces solo los unen de ese modo tan íntimo durante un tiempo? Puede que se unan para largo tiempo, sobre todo si no solo se convierten en una pareja sino también en padres. ¿Pero los unen todavía esos caminos si, más tarde, señalan en direcciones diferentes? Porque: ¿qué saben el uno del otro el hombre y la mujer en la exaltación del primer amor? ¿Qué saben de la oscuridad de su procedencia, de su destino particular y su fin particular? La cuestión es, cuando se revela lo oculto hasta entonces, ¿qué los ayuda a que su amor sobreviva a esa realidad y dure?

Nos damos cuenta de que ha de añadirse algo más a la primera confesión «Te amo», algo que prepare a la pareja para eso abarcador y que la conduzca a esa lejanía y esa profundidad que le permita crecer más allá del primer amor. Una frase que incluyera eso abarcador y los preparara a ambos para ello sería: «Te amo y amo lo que nos lleva a ti y a mí.»

¿Qué ocurre cuando el hombre le dice a la mujer y la mujer le dice al hombre esta frase: «Te amo y amo lo que nos lleva a ti y a mí.» De repente no solo se miran a sí mismos y a su deseo. Miran algo más grande que los sobrepasa. Aunque les falte mucho para comprender qué de particular les exige esta frase y qué destino les sobrevendrá más tarde individualmente y en común, es una frase que, después del amor a primera vista, prepara y permite el amor a segunda vista.

LAS FAMILIAS TAMBIÉN VIBRAN

El amor no es personal. No es el hombre quien le dice a su mujer «Te amo» como un Yo. Es demasiado pequeño para eso. Lo mismo vale, por supuesto, para la mujer. Detrás de ellos están los padres y los antepasados y los destinos. Todos ellos actúan de modo vigoroso a través de esta frase. Cuando el hombre le dice entonces a la mujer «Te amo», algo vibra desde muy lejos. Vibra con vigor una sinfonía gigantesca. Entonces no estamos nosotros fijados mutuamente, sino que vibran también las familias. Esta es una imagen bonita.

LA PERFECCIÓN

Cuando un hombre y una mujer se encuentran por primera vez y se sienten atraídos mutuamente, a veces de modo irresistible, se ven como individuos, yo y tú. Pero detrás del hombre están también su madre y su padre y sus abuelos y sus hermanos y todo lo que ocurrió en esa familia: todo un sistema. Tengo la imagen: todo el sistema que hay detrás del hombre espera a la mujer, no solo él. Lo mismo vale para la mujer. Cuando el hombre ve a la mujer ha de saber que detrás de ella están su padre y su madre y sus abuelos y sus hermanos, todo un sistema. Este sistema espera al hombre. Ambos sistemas esperan poder acaso llevar a su terminación algo no resuelto en el pasado. Para eso, el sistema del hombre no solo mira a la mujer. Mira también su sistema. Ambos sistemas entran en una comunidad de destino y acaso quieren resolver en esa comunidad algo particular, resolverlo por fin.

Por eso no existe una relación de pareja como nos la imaginamos a menudo. La relación de pareja es un sueño. Todos estamos involucrados en un campo, en una familia mayor. Si alguien, en la familia del hombre o en la familia de la mujer, fue excluido, por ejemplo una pareja anterior o un hijo abortado o un hijo minusválido, o alguien de la familia de quien se avergonzaban, el miembro familiar excluido está presente en la nueva relación y en la nueva familia. Por eso ambos, el hombre y la mujer, han de introducir al miembro excluido en la nueva familia. Solo entonces ambos estarán libres para su relación.

CÓMO LOGRAR CONJUNTAMENTE EL AMOR Y LA VIDA

Pero las constelaciones familiares no solo revelan cosas hasta entonces ocultas, también muestran vías para la solución. Mostrar la vía a la solución de un nudo y conducir a los afectados por esta vía es lo decisivo en las constelaciones familiares.

Pero del mismo modo que no puede durar el amor a primera vista si no le sigue el amor a segunda vista, también en la constelación familiar la solución del nudo solo se puede lograr si los afectados se relacionan con algo más grande. Es decir: si dejan conscientemente atrás algo anterior y se abren a algo nuevo, aun cuando al principio les dé miedo. El saber y el conocimiento sirven de poco aquí. Se requiere también una fuerza especial.

La fuente de esa fuerza es, por una parte, la conexión con los padres y los antepasados y, por otra, la inmersión en algo más grande. En cuanto nos sometemos a eso más grande llegamos a armonizar con lo que, en último término, nos conduce. A veces nos conduce más allá de los límites de un nudo y nos libera para una vida feliz y plena. Pero no siempre. Si somos testigos, en nosotros o en otros, de que no se puede superar un límite, es decir que nosotros o la pareja no nos podemos librar de un nudo, hemos de reconocerlo así sin querer mover o modificar algo. En una relación de pareja, eso se vive como morir. También a ese morir nos podemos enfrentar con amor si nos decimos mutuamente: «Me amo y te amo con todo lo que nos conduce a mí y a ti.»

LO QUE HACE QUE LAS PAREJAS CREZCAN JUNTAS

¿Qué hace que las parejas crezcan juntas? Puede que algunos piensen: cuando ha comenzado la relación de pareja se sientan y descansan. Pero la relación de pareja es parte del cumplimiento de nuestra vida, una parte decisiva del cumplimiento de la vida. Porque la vida empieza propiamente con la relación de pareja. Es un punto culminante. Después, todo en la vida es diferente, mayor, más rico y más pleno.

Aprender el amor de los padres

Pero hay algo anterior a la relación de pareja: la infancia. La relación de pareja se aprende pronto. El amor que necesitamos para la relación de pareja lo aprendemos muy tempranamente. La aprendemos, sobre todo, de la madre. Solo donde la relación con la madre está lograda, si tomamos de nuestra madre a corazón lleno lo que viene de ella, nos preparamos para la relación de pareja. Algo parecido vale también para la relación con el padre. Quien no pudo tomar a los padres, tampoco podrá tomar a una pareja. Muchos problemas en la relación de pareja proceden de que uno o ambos miembros de ella no están en paz con sus padres, con una unión profunda de respetar y tomar con agradecimiento.

Toda la juventud es, en el fondo, tomar con amor. Es tomar, tomar, tomar y tomar. Algunas personas se niegan a tomar por diversas razones. Algunos de nosotros tenemos, por ejemplo, la idea de que lo que nos dan los padres es tantísimo que no podremos equilibrarlo, que nuestro agradecimiento nunca bastará para equilibrarlo todo.

Tomar con amor

Sentimos una necesidad muy profunda de equilibrar el dar y el tomar. Por eso algunos niños se niegan a tomar por miedo a no poder equilibrarlo, y entonces no toman. A veces argumentan el no tomar con reproches y acusaciones contra sus padres. Entonces toman muy poco y, puesto que toman poco, tienen poco. Por regla general, no basta del todo para una relación de pareja. Es decir que la relación de pareja empieza porque tomemos de nuestros padres.

A menudo reina un gran malentendido en los sentimientos con relación al equilibrio. Nunca podremos equilibrar a nuestros padres. Pero podemos equilibrar de otro modo. Equilibramos al trasladar lo que tomamos. Por ejemplo a una pareja y, sobre todo, a los propios hijos. Cuando se sabe esto, ya no hace falta preocuparse por el equilibrio frente a los padres. Tomamos y tomamos y tomamos y sabemos que una vez rebosaremos y nuestra pareja y nuestros hijos se enriquecerán con ello.

Es decir que esto es una condición para la relación de pareja. El amor mediante el cual las parejas crecen juntas empieza ya en nuestra infancia.

Tomar más allá del bien y del mal

Hay otra cosa que se opone al tomar durante la preparación a la relación de pareja. Se trata de la diferenciación entre el bien y el mal. O de bueno y malo. Existe, fomentada también por determinadas corrientes de la opinión pública, que se han plasmado, por supuesto, en determinadas escuelas de psicoterapia, la idea de que nuestros problemas tienen relación con nuestros padres. Si nuestros padres hubieran sido mejores, también nosotros estaríamos mejor. Se trata de una idea extraña, pues imponerse frente a las adversidades forma parte del crecimiento. La opinión difundida entre alguna gente es: crecemos al recibir, recibir y recibir sin tener que poner nada de nuestra parte. Pero crecemos precisamente frente a la contrariedad, y crecemos gracias a los errores de nuestros padres y también gracias a las dificultades que acaso tuvimos que soportar en la infancia. Lejos de ser un daño, es la oportunidad gracias a la cual crecemos y adquirimos fuerza para la vida real.

A veces me imagino cómo le iría a un niño que tuviera los así llamados padres ideales. ¿Puede vivir? ¿Sabe algo de la vida real? ¿Está ese niño maduro para una relación de pareja?

Meditación: la preparación a la relación de pareja

Nos imaginamos a nuestros padres, a nuestra madre y a nuestro padre, tal como son. Detrás de ellos están sus padres, pues también nuestros padres fueron niños una vez. Detrás de sus padres están los padres de estos, y los padres de estos, infinitas generaciones. La vida que fluye por todos ellos procede de un origen que no conocemos. La vida es lo más poderoso que existe. Es lo más grande que existe. Es lo más espiritual que existe. La experiencia de Dios solo puede ser experiencia de vida. Y toda experiencia de vida es, al fin y al cabo, experiencia de Dios.

Esta vida fluye, a través de todas esas generaciones, divina, auténticamente. Nadie le ha podido añadir algo, nadie le ha podido quitar nada. En el tomar y transmitir la vida todas eran perfectas. Eran perfectas en armonía con un movimiento divino. Así llegó la vida a través de todas esas generaciones hasta nuestros padres. Se amaron como hombre y mujer. De su amor como hombre y mujer hemos surgido nosotros. Nuestra vida es un fruto de su amor.

Los miramos, abrimos ampliamente el corazón y tomamos de ellos, tal como son, la vida en su plenitud, como lo más grande que existe, como algo sagrado, como algo divino. Los miramos y, tomándolo, les decimos: «Gracias». Pero no solo a ellos. Este agradecimiento va dirigido también a todas las generaciones detrás de ellos y al origen de la vida. Entonces tenemos la vida.

Pero necesitamos durante muchos años los cuidados y la preocupación de nuestros padres. Ellos nos han regalado estos cuidados y esta preocupación. Nos han alimentado, protcgido, educado, han pensado siempre en nosotros y se han preguntado: «¿Qué necesita nuestro hijo?» Así hemos crecido mediante su amor y sus cuidados.

Lo creativo y divino

Pero nuestros padres son también humanos como nosotros, con los así llamados defectos. Digo con así llamados defectos porque todo crecimiento se desarrolla ampliamente, aparte de la alimentación, también a través de los obstáculos y los errores. Porque lo divino que actúa en la vida es, en este aspecto, defectuoso. La idea de que lo divino es perfecto no se sostiene. Porque todo lo creativo solo es creativo porque previamente había algo imperfecto. Solo donde hay imperfecciones y algo todavía no concluido, donde hay defectos y errores, es posible lo creativo. Así, también lo creativo que nos llega a través de nuestros padres solo es posible a través de defectos y dificultades y carencias y culpas. Lo miramos como necesario para nuestra vida y para nuestro crecimiento y lo asumimos en nosotros afirmativamente: sí, eso forma parte de mí, con eso he crecido. Esto es parte de mí y puede ser una parte de mí.

Sentimos lo que ocurre por eso en nuestra alma. Nos hacemos amplios y fuertes.

Crecer en la relación de pareja

No podemos transmitir lo que no hemos tomado. Eso tiene efectos de peso en la relación de pareja.

Algunos se imaginan a la pareja de modo ideal, cómo ha de ser idealmente. Nadie puede crecer con la pareja ideal.

¿Qué sería para mí la pareja ideal? Si pudiera decirle: «Tú eres mi madre y yo soy tu hijo.» ¿Pero qué resulta de una relación de pareja así?

Todo miembro de una pareja, el hombre y la mujer, se han criado en una familia particular con dificultades particulares y han crecido con ellas de un modo determinado. Ahora los dos se encuentran diferentes y son un desafío mutuo. Si se toman tal como son, exactamente tal como son, crecen juntos. Solo entonces. Es una condición.

Entonces, por supuesto, se pueden ver de muy otro modo las dificultades que se plantean a menudo en una relación de pareja. Se lo puede valorar y crecer con ello de tal manera que la relación de pareja sea cada vez más plena y feliz.

CÓMO HACER QUE NUESTRA RELACIÓN DE PAREJA SEA UN LOGRO

Para una relación de pareja lograda se necesitan tres cosas. Cada una es importante por sí misma y ninguna puede sustituir a las otras.

La relación sexual

La primera es la relación sexual. Que sea lograda es imprescindible, porque la relación de pareja está encaminada a la unión sexual. Es esencial, pues solo a través de la relación sexual sigue la vida. En la relación sexual se condensan el amor y la vida. Es la culminación de nuestro desarrollo. En la relación sexual, en el amor que se expresa en ella y, por supuesto, en el instinto que conduce a ella actúa la fuerza más poderosa que conocemos. Toda vida se dirige a la transmisión. Está encaminada a la transmisión y está cumplida cuando la transmisión se logra. Por eso la fuerza que actúa tras ella es propiamente la fuerza vital. Y es, por supuesto, la fuerza espiritual, la máxima fuerza, la —lo diré con una metáfora— fuerza más semejante a Dios. En ella se manifiesta más tangiblemente lo más grande del mundo, lo divino. Precisamente por estar entregados a esta fuerza a través del instinto se revela como procedente de fuera de nosotros y superior a nosotros. Es decir: que para la relación de pareja se necesita en primer lugar que se logre el amor sexual.

El amor del corazón

A eso se añade una segunda cosa. Es el amor del corazón. El amor sexual se logra mejor si procede del amor del corazón, cuando el amor sexual es también una consumación del amor del corazón. El amor del corazón es una prestación propia. También existe la sexualidad sin este amor, y a menudo también existe este amor sin la sexualidad. Ambas son prestaciones por sí mismas: el amor sexual y el amor del corazón.

La vida en común

Ahora se añade una tercera cosa, la vida en común. La vida en común se puede dar sin sexualidad. Puede también existir a veces sin amor. A veces vemos a parejas que siguen juntas sin que realmente se amen mutuamente de corazón. Pero la vida en común es un bien muy elevado. También hay que aprenderla y conseguirla.

Cuando se juntan estas tres cosas, el amor sexual, el amor

de corazón y también la vida en común, con todo lo que forma parte de ello (el intercambio, la ayuda mutua, el apoyo), se logra la relación de pareja. Entonces crecemos en la relación de pareja.

Amor y orden

¿Qué es más grande y qué es más importante: el amor o el orden? ¿Qué viene primero? Muchos creen que con que amen lo suficiente todo estará en orden. Muchos padres creen, por ejemplo, que si aman lo suficiente a sus hijos estos se desarrollarán tal como se lo imaginan. Pero a menudo los padres quedan decepcionados a pesar de su amor. Es evidente que el amor solo no basta.

El amor se ha de someter a un orden. El orden le viene prescrito al amor. Así es también en el resto de la naturaleza: un árbol se desarrolla según un orden interno. No se lo puede modificar. Solo puede desarrollarse dentro de ese orden. Así ocurre también con el amor y las relaciones humanas: solo se pueden desplegar dentro de un orden. Este orden viene dado. Si sabemos algo de los órdenes del amor, nuestro amor y nuestras relaciones tienen más posibilidades de desarrollarse plenamente.

El primer orden del amor en una relación de pareja es que hombre y mujer, aunque diferentes, sean de igual condición. Si así lo reconocen, su amor tiene más posibilidades.

El segundo orden es que tomar y dar han de estar equilibrados. Si uno ha de dar más que el otro, la relación está trastornada. Necesita este equilibrio. Cuando la necesidad de equilibrio entre dar y tomar va unida al amor, cada uno da al otro y cuando se ha recibido algo del otro se le da algo más para equilibrarlo. De ese modo crece el intercambio entre ellos y, con él, la felicidad común.

Esta necesidad de equilibrio también existe en lo negativo. Cuando un miembro de la pareja le hace algún daño al otro, este siente la necesidad de hacérselo también. Se siente herido. Por eso cree tener el derecho de herir también al otro, esta necesidad es irresistible.

Muchos de los que han sufrido una injusticia se sienten con derecho de hacerle también algo malo al otro. Es decir que aquí aún se añade algo más a la necesidad de equilibrio: la sensación de que por la injusticia que se me ha hecho tengo derechos especiales. Entonces no se le hace al otro solo el mismo mal que él nos ha hecho, sino que se le hace un poco más. Pero como al otro se le ha hecho un poco más de mal, este, a su vez, se siente con el derecho de hacerle un daño y, porque se siente con razón, también él hace un poco más. Así crece en una relación el intercambio del mal. En lugar de la felicidad crece, en una relación así, la infelicidad. Se puede reconocer la calidad de una relación en si el dar y tomar se realiza fundamentalmente en lo bueno o en lo malo.

La cuestión es: ¿cuál sería la solución en este caso?, y ¿hay alguna? Sí: la solución sería volver a pasar del intercambio en el mal al intercambio en el bien. Pero ¿cómo lograrlo?

Hay un truco para eso: vengarse del otro con amor. Es decir que también se le hace daño, pero un poquito menos. Entonces termina el intercambio en el mal y ambos pueden volver a empezar con el dar y tomar bueno. Este es un aspecto importante de los órdenes del amor. Si se lo conoce y se actúa en consecuencia, en muchas familias las cosas pueden volver a enmendarse hacia el bien.

Hay que tener en cuenta aquí otro orden del amor, pues su no observación tiene vastas consecuencias.

Una mujer que cree ser mejor que su madre no respeta a los hombres. Tampoco entiende a los hombres y, en el fondo, no los necesita. Pues si cree ser mejor que su madre, eso significa, por regla general: yo soy la mujer mejor para el padre. Entones ya tiene a su hombre y no necesita a ningún otro.

¿Cómo se hace capaz una niña de convertirse en mujer y respetar y tener a otro hombre? Si se coloca al lado de su madre, como la menor.

A la inversa esto también vale, por supuesto, para los hombres: un hombre que no respeta a su padre y cree ser mejor que su padre frente a su madre, no respeta a las mujeres. Ya tiene a una mujer y no necesita a ninguna otra.

¿Cómo se hace capaz de hacerse un hombre y respetar y tener a otra mujer? Si se coloca al lado de su padre, como el menor.

Es decir que el hombre aprende el respeto por la mujer del padre y la mujer aprende el respeto por el hombre de su madre.

¿Qué ocurre cuando un hombre que es hijo de madre se casa con una mujer que es hija de padre? El hijo de madre no es fiable para la mujer y la hija de padre no es fiable para el hombre. Sienten poco respeto mutuo.

Por eso hay que arreglar primero en las familias de procedencia que el hombre respete a su padre y la mujer a su madre.

LA COTIDIANIDAD DE LA RELACIÓN DE PAREJA

Me refiero ahora a la cotidianidad de la relación de pareja. ¿Cómo empieza el nuevo día en una relación de pareja? El hombre mira a la mujer y la mujer mira al hombre y sus caras empiezan a relucir. Se complacen mutuamente. ¿No es este un bonito comienzo del nuevo día en una relación de pareja? O sea: el amor reluce y se muestra al relucir. La más hermosa expresión del amor es cuando uno se complace con el otro. Así comienza pues el día en una relación de pareja. Con mirarse mutuamente y complacerse con el otro tal como es. Esto es la felicidad, la complacencia mutua y hacer algo impulsado por este placer: dar y tomar. Entonces el día no puede ser lo bastante largo para ellos porque siempre fluye de un lado a otro entre ellos algo nuevo. Esto es crecer.

Tras decenios de observación y experiencia, lo esencial que compone la felicidad se ha reducido, para mí, a tres palabras. En estas tres palabras, si se sienten y dicen en el momento oportuno, reside el secreto de la felicidad en una relación de pareja.

Sí

He insinuado la primera palabra con el comienzo del día en una relación de pareja. ¿Por qué se complace uno con el otro? Porque lo admite tal como es. Esta alegría es contagiosa también para el otro. La palabra que hay detrás es: «Sí». Sí al otro, sí a mí, sí a la situación, tal como es, y sí a la felicidad.

Claro que a veces se opone algo a la felicidad: cierta idea. Porque en nuestra sociedad hay que pagar por casi todo.

Muchos creen que no hay nada gratis, que todo se paga. Por eso empiezan a pagar también por su felicidad. En lugar de mirar al otro y complacerse con él, buscan su monedero para pagar con él la felicidad. Con eso, pronto pierden de vista al otro, y también dejan de advertir la presencia de la felicidad. Solo conservan en la mano unas pocas monedas. Eso es entonces todo lo que queda del placer y la felicidad.

Hay en nosotros un impulso profundo que extrae su fuerza de la idea: he de pagar por todo lo que recibo. Sobre todo por la felicidad. Pero cuando se ha pagado bastante, hace tiempo que la felicidad se ha desvanecido.

Esa idea de tener que pagar por todo existe también frente a Dios. Pagamos a Dios la felicidad regalada con grandes sacrificios y peregrinaciones y fundaciones y lo que sea. ¿Se complace él si le pagamos por ello? ¿Le importa qué es lo que creemos estar pagando? Es una idea curiosa.

Hubo una vez en un cursillo mío uno que se había comprado un Mercedes. Pero no le estaba permitido, era una felicidad demasiado grande para él. En su familia solo se podía comprar Volkswagens, los viejos. Un día, en la autopista, alguien chocó contra su coche por detrás. Suspiró con alivio. Por fin había pagado por su felicidad.

¿Os suena? Pasa todos los días. Algunos pagan todo el tiempo. Pagan por la felicidad y pagan por la culpa.

Por favor

Cuando el hombre ha ofendido a su mujer, por ejemplo con alguna observación malvada, le sabe mal y paga por ello. Hace que le vaya mal. Es decir que expía lo que ha hecho. ¿Cómo evitar una expiación así? Con una sola palabra.

Así que el hombre ha ofendido a su mujer. La ha desdeñado. Incluso ha olvidado su cumpleaños. Eso es muy grave. Algunos incluso olvidan el aniversario de boda. Entonces la mujer lo mira y está triste. ¿Qué hacer en este caso? ¿Debe expiarlo? ¿Se ha de golpear el pecho? No. La mira y dice: «Por favor», simplemente «por favor». Lo lamento. «Por favor». Entonces el corazón de ella se abre y la felicidad vuelve a tener una oportunidad.

Gracias

Ya he mencionado dos de las tres palabras mágicas para la felicidad: «sí» y «por favor». Aún queda una palabra especialmente bonita. Esta palabra es «gracias». Simplemente «gracias». En una relación de pareja hay cientos de ocasiones durante todo el día en que uno se alegra de algo y dice: «Gracias». Mutuamente.

Así que estas son las tres palabras mágicas para una relación de pareja feliz y realizada. De ellas podemos nutrirnos incluso cuando nos sobreviene algo difícil.

La decepción

¿Por qué se decepciona un miembro de la pareja del otro? Porque espera de él algo que este no puede dar. Tiene del otro una expectativa que sobrepasa lo habitual. Esta expectativa procede a menudo de la infancia. Muchas veces era una expectativa ante la madre. Entonces, se siente, de repente, decepcionado.

Existe un ejercicio para poder superar esa decepción. Uno puede, por ejemplo, sentarse por la noche y tomar cinco hojas de papel, cinco por lo menos, y empezar a imaginarse a la pareja y anotar todo lo que aquélla le ha regalado a uno. Cinco largas páginas, pero no bastan. Cuanto más se escribe, tanto más empieza a relucir. Es un bonito ejercicio.

LOS VIEJOS VÍNCULOS PERMANECEN

En la actualidad a menudo damos por supuesto —y también nos comportamos como si así fuera— que en una relación de pareja solo se trata de las personas del hombre y de la mujer. Los dos se aman, se sienten atraídos mutuamente y se convierten en una pareja. Perdemos fácilmente de vista que ambos proceden de una familia determinada. Cada uno de ellos tiene otros padres y otros antepasados. Para cada uno ha ocurrido otra cosa en la familia. Estas realidades actúan en la relación de pareja. Ambos miembros de ella proceden de su propio campo anímico, de otro campo familiar que, en muchos aspectos, los compromete. Por eso, ninguno de ellos es libre.

Si a eso se añade que uno de ellos, o incluso los dos, estuvo anteriormente en una relación fija y también tiene hijos de esa relación, este pasado los ata de muchas maneras. Ese pasado los ata a esos hijos y al padre o a la madre de ellos. Hemos de partir de que cada uno quiere y debe permanecer en cierto modo en ese vínculo. Ninguno puede esperar del otro que renuncie a esos vínculos en la relación nueva. Eso se manifiesta a veces en que no pueden vivir juntos aunque lo deseen.

LOS CAMPOS ANÍMICOS

En una familia, aquí en sentido amplio, incluyendo a los antepasados, todos están unidos entre sí como si tuvieran un alma común más grande. También se lo puede llamar un campo anímico. En esa gran alma permanecen presentes todos los que alguna vez pertenecieron a ella, también los muertos, todos los muertos; también forman parte, por ejemplo, los niños abortados y hermanos muertos tempranamente. Forman parte todos, también los que han sido rechazados y de los que no se quería saber nada. En este campo permanecen presentes. En este campo están en consonancia mutua con todos los demás.

Al mismo tiempo hay en este campo un movimiento que quiere volver a unir a los separados. Sirven a este campo dos movimientos diferentes. A veces, por ejemplo, tira de un vivo hacia los muertos. Entonces se unen en la muerte. A menudo, este movimiento es de amor. Pero, en lugar de a la vida, conduce a la muerte.

Pero también hay aquí el otro movimiento, otro amor, que nos mantiene vivos. Puedo, por ejemplo, asumir en mi interior, en mi alma, a alguien que estuvo excluido. En lugar de arrastrarme a la muerte protege mi vida porque se siente reconocido. Este es el movimiento inverso, un movimiento curativo.

Puesto que estamos involucrados en tantas relaciones está claro que no podemos hacer realidad las ilusiones que nos hacemos a veces sobre una vida feliz, plena. Precisamente porque estamos vinculados. Pero si asentimos a estos vínculos del destino, sea lo que fuere lo que exigen de nosotros, ganamos una profundidad especial. Es una profundidad por renuncia. Y está claro que en ese momento también hemos crecido. Nos hemos hecho más humanos, involucrados en algo grande, y tenemos otra fuerza.

EJEMPLO: EL LABERINTO DEL ALMA

Ejercicio con una mujer cuyo primer marido se suicidó seis meses después de la separación.

HELLINGER: ¿Adónde quería ir con su muerte? Con su madre.

MUJER: En el caso de mi marido tiene sentido.

HELLINGER: Los subterfugios del alma son curiosos. A mí ya no me sorprende nada. El alma es un laberinto en el que uno puede perderse fácilmente. En este laberinto se orienta uno con un hilo rojo. Este se tiene todo el tiempo firmemente en la mano. Entonces se orienta uno. Porque un laberinto es oscuro. En él no sirve de nada mantener los ojos abiertos. Se atiene uno al hilo rojo. Uno palpa su camino adelante, centímetro a centímetro, a lo largo del hilo rojo. Cada latido del corazón es un centímetro más. Es decir que se avanza con los latidos del corazón.

Voy a imaginármelo, simplemente. Busco imágenes para el alma con las que se pueda orientar en el laberinto del amor. O sea, se va con el latido del corazón. Cada latido para ti es: «Por favor, por favor, por favor, por favor.» Ese «por favor» retrocede muy atrás en la infancia, primero a la madre, claro: «Por favor.» Se avanza a tientas en la oscuridad con la imagen de la

madre ante los ojos y se dice: «Por favor, por favor.»
Cada «por favor» es un paso adelante.

Entonces el latido se acelera algo. Los pasos se hacen algo más largos. Pero sigue estando oscuro. A cada paso y a cada latido dices «gracias». Y eso se lo dices a tu difunto marido: «Gracias.»

Entonces empiezas a respirar más profundamente, a cada «gracias» inspiras y espiras profundamente. Pero el laberinto sigue estando a oscuras. ¿He de seguir caminando contigo por el laberinto del amor?

MUJER: Por favor.

HELLINGER: Sí, con mucho gusto. Ahora viene, a cada paso, un «sí». Es un sí muy especial. Un sí a la vida y un sí a la muerte, ambas cosas. Le dices sí a tu vida y también dices sí a la muerte de tu marido. Esa muerte forma parte de tu vida. Sí.

Y ahora miras a tu marido actual y también a él le dices: sí.

LA COMUNIDAD DE DESTINOS

En oposición a las ideas que a menudo tenemos del amor romántico, en una relación actúan muchas otras fuerzas más. En el amor romántico, ambos están de alguna manera locos por el otro. Loco significa en este caso que no se ve nada. Ambos están tan referidos el uno al otro que el entorno queda marginado. El amor no se puede mantener mucho tiempo, porque pronto se muestra también el entorno.

También veo la relación de pareja en otro contexto. Cada sistema familiar soporta un destino determinado y tiene un desorden particular. El desorden surge porque no todos los que forman parte de él son reconocidos como pertenecientes a él. Entonces los no reconocidos presionan por ser reconocidos. Bajo esa presión del campo, más tarde un niño ha de representar a ese excluido sin tener conciencia de ello. A menudo está marginada, por ejemplo, una pareja anterior de los padres o los abuelos, acaso porque murió prematuramente. Puede que una mujer muriera de parto. A esas personas no se las mira ya en ese sistema, muchas veces porque su destino da miedo a los otros. Pero más tarde se hacen notar en un niño. Aunque el niño no sabrá que está ocupado por algo, que está enredado en el destino de otra persona.

Cuando este problema, el que alguien fuera marginado, no está resuelto todavía en la familia, ese niño, cuando sea adulto, buscará inconscientemente a una pareja que le ayude a él y a su familia a resolver ese problema. O sea que el sistema de la mujer busca a través de la mujer en el sistema del hombre la solución de un problema no resuelto. Y puede que al revés. El hombre y su sistema buscan a través de la mujer y su sistema una solución a su problema. Con eso, ambos inician una comunidad de destinos en la que los dos buscan una solución en el otro.

He vivido en Suiza un ejemplo palmario de eso. Un hombre tenía un hermano que había muerto de hambre durante la guerra, porque en su familia no había bastante comida para todos. El hombre estaba íntimamente unido a su hermano y tenía miedo a tener que morir de hambre también, que el morir de hambre fuera también su destino. ¿Qué hizo? Se casó con una mujer anoréxica. Que ella se muriera de hambre por él.

Existen enredos así, que a veces adquieren dimensiones

que parecen formidables. He aquí un ejemplo de un cursillo de parejas en Washington. Una mujer vino sin su marido a una constelación de parejas. O sea que la coloqué sola y, frente a ella, a un representante de su marido. El hombre empezó a temblar por todo el cuerpo, temía realmente por su vida. Le pregunté a la mujer. «¿Has pensado alguna vez en matarlo?» Ella dijo: «Sí». Su hija, que también estaba presente, ya había intentado suicidarse una vez. Es decir que en esa familia había un gran potencial agresivo. Cuando se revela algo así, algunos están tentados de decir: «Esa mujer es mala.» Yo no lo digo. Yo le dije: «Debe de haber pasado algo especial en tu sistema.» Al cabo de un silencio vino hacia mí y me dijo: «Mi padre participó en la fabricación de la bomba atómica.» Añadió: «También me pregunto por qué me casé con un japonés.» ¿Cuál era, pues, el enredo en este caso? La guerra entre Estados Unidos y Japón proseguía en ese matrimonio. Y nadie era consciente de ello. Eso son comunidades de destinos. A veces también llevan a la muerte.

Si se reconocen estos vínculos de destinos, de pronto se muestra una solución buena para ambos miembros. Entonces encuentran la paz. A esa pareja luego le fue muy bien. La hija se fue inmediatamente después a Japón. Estudió y prosperó allí.

La relación de pareja y, de hecho, cualquier relación íntima humana, es de una profundidad increíble. Si afrontamos todas sus dimensiones encontraremos el camino a un tipo muy diferente de amor y de relación. Mucho más profunda y abierta a todo.

Como ya he dicho, para el orden siempre importa que los hasta ahora marginados sean unidos. Este es el movimiento principal que lleva al orden y a la felicidad para todos en las relaciones.

LO OTRO EN LA RELACIÓN DE PAREJA

Puede que diga algo más general sobre relaciones de pareja y el crecimiento en relaciones de pareja. Porque el crecimiento siempre es ampliación. Quien crece ha de asumir en su interior algo de fuera. Crece con lo que antes estaba fuera de él. En cuanto lo asume en su interior crece con ello.

Hombres y mujeres son diferentes

Resulta que un hombre entiende poco de mujeres. ¿Habéis visto alguna vez a un hombre que entienda realmente algo de mujeres? ¿Habéis encontrado alguna vez una mujer que diga: «Mi marido me comprende»? Y viceversa, por supuesto, también. Las mujeres no saben mucho de hombres. Si no, no intentarían todo el tiempo cambiar a los hombres.

Así que cuando el hombre y la mujer se encuentran, se encuentran con algo extraño, que ellos mismos no tienen, que tampoco entienden, pero que necesitan. El hombre necesita a la mujer. ¿Para qué, si no, es hombre? Sin mujer no es hombre. Viceversa, la mujer necesita al hombre. Sin hombre no es mujer. La mujer se convierte en mujer mediante el hombre. ¿O no? Todo lo demás es provisional.

Así que se encuentran dos que son diferentes. Se complementan mutuamente sin entenderse, sin entenderse en lo más profundo. Por eso, en una relación de pareja se mantiene la tensión durante toda una vida. El hombre se maravilla una y otra vez de su mujer y la mujer se maravilla de su marido. Eso hace viva su relación.

En el momento en que el hombre se encuentra con la

mujer reconoce que es incompleto. Ha de renunciar un poco a su convicción de que como hombre solo es un ser humano completo. Y, al revés, también la mujer. En cuanto se encuentra con un hombre se da cuenta: ser solo mujer no basta. Se necesita algo más. Ha de renunciar a la convicción de que sola es la encarnación correcta de lo humano. Porque de pronto tiene enfrente a uno muy diferente que también es correcto. Ambos son correctos, pero diferentes. Al reconocerlo renuncian a una convicción anterior y se vuelven humildes. Es decir que reconocen que están necesitados. Si ambos lo reconocen frente al otro se dejan enriquecer por él. Y con eso crecen.

El crecimiento significa: yo asumo en mi interior algo que hasta ahora me era ajeno y que me desafía a renunciar a mi superioridad. Ambos lo hacen mutuamente, el hombre y la mujer. Con eso crecen. Esto es el crecimiento.

También las familias son diferentes

A eso se añade que el hombre procede de otra familia que la mujer y que también la mujer procede de otra familia que no es la del hombre. Ambas familias son diferentes. A menudo, el hombre mira por encima del hombro a la familia de la mujer y la mujer mira por encima del hombro a la familia del hombre. Puede que ambos digan: «Mi familia es mejor.» Esto forma parte del asunto: porque al estar vinculados, como estamos, a nuestra familia, esa se convierte en la mejor. Ha de ser así. Si no, no podríamos sobrevivir.

Pero esas familias son diferentes entre sí. Al igual que el hombre es correcto a pesar de no ser mujer y que la mujer es correcta a pesar de no ser hombre, la familia del hombre es correcta y la familia de la mujer es correcta, a pesar de ser diferentes entre sí. No obstante, cada uno ha de reconocer la familia del otro como equivalente. Con eso renuncia a algo. Del mismo modo que el hombre primero renuncia a algo de su convicción de que solo el hombre es el ser humano correcto también renuncia a que solo su familia es la correcta. Y viceversa. Ambos asumen en su interior algo diferente y crecen con ello.

Cuán importante es esto se evidencia cuando la pareja tiene hijos y ha de decidir cómo hay que educarlos. Entonces existe a veces una rivalidad entre los valores familiares de uno y los del otro. También en este caso cada uno ha de renunciar a algo. De ese modo encuentran algo común en un nivel superior, algo que es más grande que lo que previamente reconocían como lo único correcto. También eso es crecimiento.

ESTAR EN ARMONÍA CON NUESTROS LÍMITES

Cuando nos encontramos con alguien en una situación difícil a menudo le deseamos una solución buena. Queremos ayudarle. Pero ¿podemos y estamos autorizados a hacerlo? A veces percibimos que ni podemos ni estamos autorizados. Algo dentro de nosotros nos lo prohíbe. Entonces hemos de reconocer que hemos alcanzado un límite.

Eso existe también en muchas relaciones de pareja. Uno de los miembros está preso en algo y el otro no sabe por qué. A menudo es algo de su familia de procedencia. Pero también puede ser otra cosa la que lo mantiene preso. A veces es, por ejemplo, un aborto lo que lo tiene preso y lo arrastra afuera de la relación, acaso incluso a la muerte, o por lo menos en la imaginación y desde el deseo.

El otro quisiera ayudarlo pero siente que no puede. Quedarse quieto en un caso así resulta difícil. Ha de reconocer que sus fuerzas no bastan o que su conocimiento no es suficiente para ayudar al otro. La postura interior adecuada en este caso es: asiento a la situación tal como es, con todas sus consecuencias para él y para mí. En ese momento entro en armonía con algo más grande. Puede que al cabo de cierto tiempo aparezca algo que solucione y sane. Pero a veces no aparece nada. Entonces puede llevar a la separación. Cada uno sigue en ese caso su destino, del modo que le ha sido impuesto.

Algunos opinan que eso es malo, que otra solución habría sido mejor. Nosotros entendemos que manifiesten esa ansiedad. Pero ¿nos está permitido? ¿Podemos tener esas ideas?

AMOR DURADERO

El amor logrado es humano, cercano a lo común. Reconoce que necesitamos a otras personas, que sin los demás nos marchitamos. Si lo reconocemos mutuamente, le damos algo al otro y tomamos algo de él. Nos alegramos de recibir algo y nos alegramos de poder dar algo. Al seguir dando y tomando desde el respeto mutuo, con benevolencia y el deseo de que le vaya bien tanto al otro como a nosotros, habremos aprendido lo que significa amar humanamente.

Este amor empieza con la relación entre hombre y mujer. Todas las demás relaciones surgen después de ese amor. Él es la base de todas las relaciones humanas y estamos impulsados a él de modo irresistible. Pues el hombre, para estar completo, necesita a la mujer y la mujer necesita, para estar completa, al hombre. Es un deseo fuerte el que conduce a uno hacia el otro. Este deseo, que algunos llaman desdeñosamente instinto, es el movimiento más poderoso de la vida. Lleva la vida adelante. Por ello, ese deseo y esa ansia están unidos del modo más profundo con el suelo básico de la vida. Quien afronta ese amor afronta la exigencia. De ese deseo y ese amor se siguen la más alta felicidad y el más profundo dolor. En él crecemos.

Quien se ha entregado al amor al cabo de cierto tiempo rebosa. Ese amor va mucho más allá de la relación de pareja, por ejemplo si ese amor produce hijos. Entonces ese amor prosigue en el amor de los padres por sus hijos. Y el amor que viven los hijos refluye a sus padres. Así crecen los hijos hasta que ellos mismos busquen a un hombre o a una mujer y el flujo de la vida sigue fluyendo a través de ellos.

O sea que donde empieza el amor, al cabo del tiempo incluye cada vez más cosas. También abarca a otros. Pero solo cuando hemos vivido y asentido a ese amor humanamente en nosotros. En ese aspecto el gran amor es común. Este amor tiene fuerza y perdura.

EL PARAÍSO

Un conocimiento importante más. La gran felicidad espera fuera del paraíso. Solo hay crecimiento fuera del paraíso. Lo creativo empieza después de que fuéramos expulsados del paraíso. El gran amor empieza después de que haya pasado el amor paradisíaco.

LA ENTREGA

En la entrega, por una parte, me voy de mí. Libero algo dentro de mí. Por otra parte voy hacia algo. Me entrego a ello de modo que ya no me pertenezco a mí sino a ello, a lo que me entrego.

¿Me pierdo en la entrega? ¿O me reencuentro en la entrega, solo que de un modo nuevo, más pleno? Es abandonar y encontrar a la vez.

La cuestión es: ¿dónde empieza la entrega? ¿Empieza por mí? ¿Parte de mí? ¿O me siento antes atraído por algo externo a mí? Mi entrega ¿es solo respuesta a algo que le precedió? ¿Por ejemplo la entrega a un trabajo, a un juego, a un interés, a una música determinada y, por supuesto, ante todo, a personas que amamos? ¿La entrega, por ejemplo, como niños a nuestros padres, la entrega como hombre y mujer a la pareja amada, la entrega como padres a nuestros hijos?

La entrega empieza cuando nos arrebata una conmoción que nos atrae y nos recoge. En ese momento nos soltamos y nos entregamos a ella. Desde este momento estamos entregados a sentimientos que toman posesión de nosotros.

Curiosamente, es en la entrega cuando estamos más profundamente en nosotros mismos. En la entrega cesa el esfuerzo. En ella estamos tanto fuera de nosotros como en nosotros, olvidados de nosotros y plenamente presentes. Estamos presentes en otra cosa y al mismo tiempo en movimiento.

¿Dónde vivimos del modo más exhaustivo la entrega? Al mirar recogidamente a otro poderoso que nos atrae y que, no obstante, nos sigue siendo incomprensiblemente misterioso. Esta mirada es pura entrega sin movimiento. Es entrega permanente, entrega como puro existir.

ÍNTIMAMENTE

Íntimamente es dentro. La unión íntima es dentro, de interior a interior. ¿Qué es tan interior en nosotros? Nuestra alma y nuestro corazón. La unión íntima es de alma a alma y de corazón a corazón.

¿Qué alma es esa? ¿Qué corazón es ese? ¿Es mi corazón? ¿O es un alma común, un corazón común? ¿Es un alma que va más allá de mí como también de ti? ¿Es un corazón más grande, que supera mi corazón y tu corazón?

Entonces, ¿dónde nos volvemos íntimos? ¿Dentro de nosotros o fuera? ¿O dentro de algo que nos abarca a ambos?

Al mismo tiempo que mutuamente, también nos volvemos íntimos con otra cosa, pero a distancia. Pues esa otra cosa queda fuera de nosotros. Por eso somos íntimos y, sin embargo, no íntimos. Pero tampoco íntimos afuera. Somos íntimos en algo que nos abarca. Íntimos, pues, porque al mismo tiempo somos íntimos en otra cosa y, de ese modo, seguros en nuestra intimidad.

¿Qué nos ocurre entonces en el amor de hombre y mujer? Estamos dentro porque también estamos fuera de nosotros.

Hijos felices

¿QUÉ HACE FELICES A LOS HIJOS?

Cuando sus padres son felices con ellos. Ambos padres. ¿Cuándo son felices con el hijo ambos padres? Cuando en el hijo respetan, aman y se complacen con el otro miembro de la pareja.

Hablamos mucho del amor. Pero ¿cuál es el modo más hermoso en que se muestra el amor? Cuando me complazco con el otro exactamente tal como es. Y cuando uno se complace con el hijo exactamente tal como es.

Resulta que los padres, desde el poder experimentado sobre el hijo —sobre todo las madres viven ese poder muy profundamente, pues viven tanto tiempo en simbiosis con el hijo— viven ese poder como encargo. Ya no como poder propio, sino como uno al servicio del hijo durante un tiempo.

Hace cierto tiempo estuve en un cursillo en el que participaba una mujer con un hijo de cinco meses, que sostenía ante su pecho. Ella estaba sentada a mi lado. Le dije: «Mira más allá del niño, a algo muy lejos detrás de él.» Ella miró más allá del niño. De repente, el niño respiró profundamente y me sonrió. Era feliz.

O sea que en esa relación más allá ambos son más libres, tanto los padres como el hijo. Ambos se pueden someter más a su destino, complacerse con su destino, con lo que sueltan al otro en la medida de lo necesario.

¿Qué es eso lejano que miró la mujer? Es el propio destino, el suyo y el del hijo. Es incluso algo más allá del destino. Es algo que nos queda oculto. Ante eso nos mantenemos humildes, aunque nos sepamos conducidos y portados por ello de modo especial.

AYUDAR A HIJOS DIFÍCILES

El amor sapiente

Entre los trasfondos que plantean dificultades a los hijos está la idea de que pueden o están autorizados a asumir algo por sus padres o antepasados. Eso lleva a problemas interminables para los hijos. Y, en cierta medida, también para sus padres. Para comprenderlo hay que saber algo sobre la diferencia entre las diversas conciencias.

La buena y la mala conciencia

Sentimos nuestra conciencia como buena o mala, como inocencia y como culpa. Muchos creen que esto tiene algo que ver con el bien y el mal. Pero no es así. Tiene algo que ver, en realidad, con el vínculo con la familia y con la separación de ella. Cada uno sabe instintivamente, con la ayuda de su conciencia, qué debe hacer para formar parte de ella. Un niño sabe instintivamente qué debe hacer para formar parte de la familia. Si se comporta del modo que debe hacerlo, tiene buena conciencia. Una buena conciencia significa, por lo tanto: siento que tengo el derecho de formar parte.

Si un niño se desvía de ello, o si nosotros nos desviamos, tenemos miedo de perder la pertenencia. Ese miedo lo sentimos como mala conciencia. Es decir, que una mala conciencia significa: tengo miedo de haber perdido mi derecho a la pertenencia.

Sentimos de modo diferente la buena y la mala conciencia en grupos diferentes. Incluso la sentimos de modo diferente de persona a persona. Por eso, en concreto, tenemos con el padre otra conciencia que con la madre y en el trabajo otra conciencia que en casa. Es decir que la conciencia cambia constantemente, porque tenemos una percepción diferente de grupo a grupo y de persona a persona, pues de grupo a grupo y de persona a persona es otra cosa lo que debemos hacer o no hacer para formar parte.

Mediante la conciencia también distinguimos a los que forman parte de nosotros de los que no forman parte de nosotros. Al vincularnos con nuestra familia, la conciencia nos separa de otros grupos o personas y nos exige que nos separemos de ellos. Por eso, a causa de nuestra conciencia, a menudo tenemos sentimientos de rechazo e incluso hostiles frente a otras personas y grupos. Ese rechazo tiene que ver con la necesidad de pertenencia y poco, o nada absolutamente, con el bien y el mal.

O sea que esta es una conciencia, la conciencia que sentimos. Con esta conciencia distinguimos entre el bien y el mal, pero siempre solo con relación a un grupo determinado.

La implicación

Pero existe otra conciencia, una oculta, una conciencia arcaica, una conciencia colectiva. Esta conciencia está sometida a otras leyes que aquélla que sentimos. Es la conciencia del grupo. Esta conciencia vigila que, en una familia, todos se sometan a determinados órdenes importantes para la supervivencia y la cohesión del grupo.

Entre estos órdenes se cuenta, en primer lugar, que todo aquel que forma parte tiene el mismo derecho de pertenencia. Pero por influencia de la conciencia que sentimos a veces excluimos a algunos de la familia. Por ejemplo a aquellos de los que pensamos que son malos, pero también a aquellos de los que tenemos miedo. Los excluimos porque creemos que son peligrosos para nosotros.

Pero resulta que eso —que hacemos con buena conciencia, a ese respecto, con la conciencia que sentimos— lo condena la conciencia oculta. Pues esa otra conciencia no tolera que se excluya a nadie. Si, no obstante, eso ocurre, más tarde alguien se verá obligado bajo la influencia de la conciencia oculta a imitar y representar en su vida al excluido, sin ser consciente de ello. Esta relación inconsciente con una persona excluida es lo que llamo una implicación.

Desde allí podemos entender que muchos niños de los que creemos que se comportan de modo extraño o que están en peligro de suicidio o que se vuelven adictos o lo que sea están en relación con una persona excluida. Están implicados con ella. Por eso solo se los puede ayudar si ellos y otros de la familia vuelven a poner ante su vista a la persona excluida y la reintegran a la familia y en su propio corazón. A partir de allí, los niños quedan libres de la implicación.

Para ayudar a unos niños así, otros de la familia, que hasta entonces habían apartado la mirada, han de mirar finalmente. Y aquellos que estaban enfadados con alguien o lo rechazaban, se han de dirigir a él con amor y volver a acogerlo en la familia. Este es el telón de fondo de muchas dificultades de niños y también de las preocupaciones que los padres sienten a veces por esos niños.

El amor ciego

Pero resulta que para esa otra conciencia oculta rige otra ley más. También esta ley provoca dificultades en los niños. Esta ley exige que los que han pertenecido antes a la familia tengan prioridad sobre los que han llegado más tarde. O sea que hay una jerarquía entre los miembros anteriores y los posteriores. Esta jerarquía se ha de mantener.

Pero muchos niños tienen la osadía de asumir algo por sus padres para ayudarlos. Con eso infringen esa jerarquía. Entonces el niño le dice a la madre o al padre, bajo la influencia de su conciencia, frases interiores tales como: «Yo me hago cargo de eso por ti.» «Yo lo expío por ti.» «Yo enfermaré por ti.» «Yo muero por ti.» Todo eso ocurre por amor, pero por un amor ciego. Ese amor ciego lleva a conductas como la adicción o el peligro de suicidio o el comportamiento agresivo. Pero estas conductas y estas situaciones de peligro tienen que ver con el intento de hacerse cargo de algo por los padres. Con eso se transgrede e infringe ese orden.

El orden

Si se sabe de esta jerarquía se la puede reconstruir. Eso significa, por ejemplo: los padres asumen su propia conducta y su propia implicación y la soportan solos. Entonces el hijo queda libre. Ya no necesita hacerse cargo de nada de todo aquello que solo atañe a otros.

Pero resulta que esa otra conciencia oculta castiga severamente la transgresión del orden originario. Todo niño que intenta asumir algo por sus padres o por otros que ya estuvieron antes que él fracasa. Ningún intento de hacerse cargo de algo por los padres tiene éxito. Está siempre condenado al fracaso de todos los participantes. Conviene saberlo. Por eso se ayuda a los niños a librarse de este entrometimiento. Pero en lugar de mirar a los hijos se mira primero a los padres, y se hace que ellos resuelvan el problema por sí mismos. Cuando los padres lo han resuelto por sí mismos, los hijos se sienten libres. Vuelven a ser pacíficos y se sienten guardados.

O sea que eso son dos leyes fundamentales, que hay que mantener a la vista y en la comprensión interior, cuando se quiere ayudar a niños difíciles.

TODOS LOS NIÑOS SON BUENOS... Y SUS PADRES TAMBIÉN

Cuando digo: «Todos los niños son buenos… y sus padres también», puede que provoque dudas en algunos. ¿Cómo es eso posible? Estas aseveraciones van muy lejos. Pues dicen, al mismo tiempo, que nosotros también somos buenos y que de niños fuimos buenos y seguimos siendo buenos. Dicen que también nuestros padres son buenos, porque fueron hijos, que fueron buenos de niños y también lo son de padres.

Quiero explicar algo sobre el fondo de esta frase, lejos de las conclusiones superficiales, cuando decimos: «Pero si el niño ha hecho eso y lo otro y los padres han hecho eso y lo otro.» Lo han hecho. Pero ¿por qué? Por amor.

Está claro que la conclusión es que cada cual es bueno tal

como es. Que precisamente es bueno porque es como es. Que por eso no podemos preocuparnos por nosotros mismos ni por los hijos ni por nuestros padres sobre si son buenos o no. Solo que nuestra mirada está a veces ensombrecida de modo que no vemos dónde somos buenos, dónde son buenos los niños y dónde son buenos sus padres. Eso quisiera explicarlo primero en una sinopsis.

El campo espiritual

A través de la constelación familiar ha salido a relucir que estamos incluidos en un sistema mayor, en un sistema precisamente familiar. De este sistema forman parte no solo nuestros padres y hermanos, sino también los abuelos y los bisabuelos y los antepasados. También forman parte otros que fueron importantes de alguna manera para el conjunto, como, por ejemplo, parejas anteriores de nuestros padres o abuelos. En este sistema, todos están gobernados por una fuerza común. Esta fuerza obedece determinadas leyes.

El sistema familiar es un campo espiritual. Dentro de este campo —así se puede descubrir a través de la constelación familiar— todos están en resonancia con todos. Pero este campo a veces está en desorden. El desorden se produce cuando alguien, que pertenece a él, ha sido excluido o rechazado u olvidado. Esas personas excluidas y olvidadas están en resonancia con nosotros y se hacen valer en el presente. Porque en este campo rige una ley fundamental: todos los que pertenecen a él tienen el mismo derecho a pertenecer a él. No se puede excluir a nadie. Este campo no pierde a nadie: el olvidado sigue actuando en él. Si fue excluido, por las razones que fuera, bajo la influencia del campo, a través de esta resonancia, se determina que otro miembro de la familia represente al excluido. Entonces ese miembro, un niño, por ejemplo, se comporta de manera extraña. Puede que se haga drogodependiente o enfermo o delincuente o criminal. Puede que incluso se convierta en un asesino o esquizofrénico, lo que sea. Pero ¿por qué? Porque esa persona mira a un excluido con amor y nos obliga, a través de su comportamiento, a mirar con amor a aquel rechazado y excluido. Este así llamado mal comportamiento es amor por alguien que fue excluido en este campo.

En lugar de mirar ahora a un niño así con preocupación y tratar de cambiarlo, lo que no sirve de nada, puesto que ya sabéis que actúan fuerzas mayores, miramos con ese niño ese campo al que pertenecemos, ese campo espiritual, hasta que, bajo la dirección de ese niño podamos mirar a donde esa persona excluida espera que la miremos y la recuperemos en nuestra alma, en nuestro corazón, en nuestra familia, en nuestro grupo, acaso también en nuestro pueblo.

O sea que todos los niños son buenos si les dejamos ser buenos. Es decir: si en lugar de mirar solo a los niños miramos adonde ellos miran con amor.

Resulta que la gran experiencia de las constelaciones familiares es: en lugar de preocuparnos por esos niños u otras personas y pensar de ellos «¿cómo pueden comportarse así?», miramos con ellos a una persona excluida y la hacemos entrar en nosotros. En cuanto esa persona es asumida en el alma de los padres y de la familia y del grupo, el niño respira y puede librarse por fin de esa implicación con otra persona.

Si sabemos eso podemos esperar hasta descubrir adónde nos conduce la conducta de ese niño, adónde nos conduce como padres o como otros miembros de la familia. Si vamos con los niños hacia allí y asumimos en nosotros a la otra persona, los niños quedan redimidos.

¿Quién más queda redimido? Los padres y otros miembros de la familia. De pronto somos diferentes o más ricos porque hemos vuelto a dar un lugar en nosotros a algo excluido. Ahora, en el presente, todos se pueden comportar de otro modo. Con más amor, con más indulgencia, más allá de nuestras distinciones baratas de bien y mal, mediante las cuales creamos acaso ser mejores y los demás peores, a pesar de que los otros, a los que consideramos malos, solo son amables de otro modo. Si miramos con los niños hacia donde aman, se acaban las distinciones entre el bien y el mal.

Otra conclusión es, por supuesto, que también nuestros padres son buenos y que detrás de todo lo que acaso queríamos reprocharles a nuestros padres actúa el amor. Pero ese amor no va hacia nosotros, sino hacia otra parte, aquella a donde miraban de niños. A alguien a quien querían introducir en la familia. Si empezamos a dar espacio en nosotros a todos esos excluidos también miraremos con nuestros padres adonde ellos aman. Entonces tanto nosotros como nuestros padres quedaremos libres. De repente nos vemos en una situación totalmente diferente y aprendemos qué significa el amor verdadero.

EL AMOR OCULTO DEL NIÑO

Lo que se revela en los niños, en su conducta, que a menudo es tan opresiva, es algo necesario en el sistema, pero que los demás del sistema niegan. El niño se hace cargo por los demás. Él mira con amor a los excluidos. Tras toda esa conducta actúa un amor oculto. En el trabajo con niños difíciles, por lo tanto, no se mira al niño, sino adonde el niño mira. Entonces se inicia un movimiento, un movimiento curativo, que libera al niño porque los demás miran adonde deben mirar. El niño ya no necesita mirar hacia allí en su lugar y comportarse correspondientemente. Este es el proceder esencial en el trabajo de ayudar a los niños.

Pensemos lo que pasa con muchos de esos niños. Los tratan y les dan medicamentos como si, de algún modo, no estuvieran bien. Cuando en realidad están haciendo algo por los demás, por los mayores. Por eso, este tipo de ayuda a los niños es pionera y abre posibilidades totalmente nuevas. Pero solo si no miramos a los niños sino con los niños: adonde ellos tienden y a lo que quieren hacer por los adultos. Entonces se les quita un peso a los niños. Los padres, y quienquiera que también esté involucrado, han de cambiar. Han de poner la mirada en lo que todavía no la han puesto. Con eso empieza un desarrollo, un desarrollo de crecimiento, primero en los padres. Solo entonces quedan libres los niños.

El orden

Esto es pedagogía sistémica, una pedagogía totalmente diferente. Este es el secreto de este trabajo. Es una ayuda vital de un modo particular. Ayudo a los niños a salir de una implicación y pongo algo de orden en su sistema familiar.

El desorden de un sistema es siempre el mismo: se excluye a unos que forman parte. A un sistema también pertenecen todas las víctimas de miembros de esa familia. Si uno participó en la muerte de otros, acaso de modo muy culpable, estos muertos forman parte del sistema. Están presentes. Actúan, se hacen notar a menudo a través de un niño. Ese niño entonces mira hacia allá. Pero si los demás no miran hacia allá no sirve de nada. Han de mirar hacia allá aquellos a quienes realmente afecta. Entonces ese desorden se ordena.

El orden siempre significa que se introduce algo dejado al margen. Esto es, sobre todo, lo que tengo a la vista con mi trabajo, ahora y en el futuro. Esto es ayuda vital de un modo amplio. Despeja la mirada para otras relaciones en las que resulta entonces más fácil ayudar a los niños y, claro está, a sus padres.

EJEMPLO: «ME QUEDO CONTIGO»

MAESTRO: Se trata de un niño de doce años que se les escapa a los padres y profesores. Su comportamiento es caótico y agresivo. Su padre está enfermo.

HELLINGER: ¿Cuál es la enfermedad?

MAESTRO: Ulcus cruris e hipertensión.

HELLINGER al grupo: Si nos imaginamos lo que ha descrito: ¿adónde mira el chico? ¿Adónde va su amor?

MAESTRO: Hacia el padre.

HELLINGER: Está clarísimo.

HELLINGER al cabo de cierta reflexión: Si lo analizamos, ¿cuál es la frase que el chico dice internamente. Le dice a su papá: «Me quedo contigo.»

¿Qué le dice el papá? «Me alegro contigo.»

¿Qué le dices como profesor? «Veo tu amor y me alegro de ello.»

Ahora tienen a su padre en el corazón, se puede ver enseguida. Si lo tienes en tu corazón sabes dónde el chico está resguardado. ¿Vale?

MAESTRO: Sí.
HELLINGER : Bien.

EJEMPLO: «LA HIJA NO QUIERE ESTUDIAR»

HELLINGER a una mujer: ¿De qué se trata?
MUJER: Mi hija no quiere ir a la escuela. Está ahora en cuarto curso. Se niega cada vez más, tanto a ir a la escuela como a salir de casa.
HELLINGER: ¿Qué pasa con el padre de esa hija?
MUJER: El padre es mucho más joven que yo. Nunca hemos estado mucho juntos. Ahora más o menos hemos intentado separarnos. Lo he involucrado muchas veces en el tema pero él está demasiado ocupado consigo mismo.
HELLINGER : ¿Qué diferencia de edad hay entre nosotros?
MUJER: 22 años.
HELLINGER : ¿22 años más joven? ¿Ah sí? Bien, pues empezaré por la hija.

Hellinger elige a una representante de la hija y hace que se coloque. La hija mueve intranquila los dedos y se frota las manos. Entonces mira al suelo.

Hellinger hace que vuelva a sentarse un instante. Elige a una representante de la madre de la niña. Esta representante gira la cabeza a un lado. Entonces mira al suelo y aprieta, mientas tanto, los puños. Se acuclilla y frota el suelo con una mano como si quisiera fregar algo. La otra mano la aprieta en un puño.

Hellinger pide ahora a la representante de la hija que

vuelva a colocarse frente a la madre, a cierta distancia. La madre sigue frotando vehementemente el suelo.

HELLINGER a la representante de la hija: Dile a tu madre: «Yo te vigilo.»
HIJA: Yo te vigilo.

La madre sigue frotando el suelo mientras mira a la hija. La hija se acerca a la madre. La madre se aparta y frota ahora el suelo con ambas manos. Mira brevemente a la hija, pero vuelve a apartarse de ella. La hija abre los brazos como si quisiera ayudar a la madre. La madre se arrodilla ahora y casi toca el suelo con la cabeza. Sigue frotando el suelo con ambas manos.

HELLINGER al cabo de un rato, a las representantes: Vale, gracias a ambas.
HELLINGER a la mujer: ¿Has entendido por qué la hija quiere quedarse en casa?
MUJER: Me protege, quiere ayudarme.
HELLINGER: Sí, tiene miedo de que te mueras o te mates.

La mujer asiente afectada y empieza a llorar.

MUJER: ¿Puede ayudarme en qué dirección debo mirar?
HELLINGER: Ahí no puedo inmiscuirme. Allí hay un secreto y he de respetarlo.

La mujer respira hondo y asiente.

MUJER: Lo sé.
HELLINGER : Claro que lo sabes. Pero yo no quiero saber-

lo. Ni me está permitido saberlo. Pero tu hija también lo sabe. Lo siente, por lo menos.

La mujer sigue respirando hondo y asiente.

HELLINGER: al cabo de un rato Puedes hacer un ejercicio con la hija. Por la mañana, antes de que empiece la escuela, le dices: «Puedes estar tranquila, hoy me quedo.» Antes de que vaya a la escuela. A la mañana siguiente también se lo dices: «Hoy me quedo. Puedes ir tranquila a la escuela.»

La mujer ríe aliviada.

HELLINGER: ¿Vale?
MUJER: Gracias.
HELLINGER al grupo: Parece un problema y es puro amor. Es puro amor en la niña.

AMBOS PADRES

Todo niño tiene dos padres. Siempre necesita a ambos padres. Un niño ha de poder amar a ambos padres. Un niño no entiende por qué sus padres se separan. Ama a ambos por igual. Pero a veces, cuando los padres se separan y el niño se queda con la madre, depende de la madre en todos los aspectos. A veces tiene miedo de mostrar que ama por igual al padre. Tiene miedo de que la madre se enfade y de perder, después del padre, también a la madre. Pero en secreto siempre ama al padre. Si oye decir a la madre que ella ha amado mucho a su padre, el niño puede mostrarle a la madre que él también ama al padre. Entonces el niño se siente aliviado.

EL MOVIMIENTO INTERRUMPIDO

Un trauma infantil especialmente frecuente es un movimiento amoroso interrumpido tempranamente del niño hacia la madre o el padre, pero generalmente hacia la madre. Cuando el amor no puede llegar a su destino, el niño se pone triste o furioso y a veces también desesperado. Esa ira o desesperación o tristeza es el otro lado del amor, de un amor que no ha podido llegar a su destino.

Cuando, más tarde, esos niños ya adultos quieren dirigirse a otra persona, vuelve a despertar en su cuerpo el recuerdo de esa interrupción y se aborta la tendencia hacia la otra persona. O sea que no pueden llevar adelante el amor y por eso se mueven, a menudo, en círculos. Cada vez que llegan al punto en que vuelven a sentir los sentimientos de entonces, se detienen. En lugar de seguir adelante se apartan e inician un movimiento circular de regreso al punto de la interrupción de aquel entonces. En la siguiente relación y con otra persona, el circuito empieza de nuevo, pero también esta vez solo hasta el punto citado: ese movimiento circular de regreso, siempre hasta el mismo punto en que se interrumpió una tendencia.

CÓMO SE LLEVA A SU DESTINO, POSTERIORMENTE, EL MOVIMIENTO INTERRUMPIDO

Por los padres

Quien mejor puede llevar a su destino un movimiento del niño interrumpido tempranamente es la madre. Pues el movimiento interrumpido del niño va, por regla general, hacia ella. En los niños pequeños la madre todavía lo consigue con facilidad. Toma al niño en sus brazos, lo abraza con amor y lo retiene hasta que el amor, que por la interrupción se había convertido en ira y duelo, fluye de nuevo abiertamente hacia la madre en forma de amor y deseo y el niño se relaja en sus brazos.

La madre también puede ayudar a un hijo adulto, teniéndolo, a llevar a su destino un movimiento interrumpido y volver atrás las consecuencias de la interrupción. Pero para eso el proceso se ha de retrotraer al tiempo de la interrupción. Hay que retomarla allí donde se produjo la interrupción y llevarla al destino de entonces. Pues es el niño de entonces el que quiere tender a la madre de entonces, y todavía hoy quiere ir a la madre de entonces. Por eso, durante la sujeción, tanto el niño como la madre han de volver a sentirse como el niño y la madre de entonces. Pero la cuestión es: ¿cómo se puede disponer lo que vuelva a unir a los tanto tiempo separados?

Un ejemplo: una madre se preocupaba por su hija adulta. Pero la hija evitaba a la madre e iba rara vez a casa. Le dije a la madre que tenía que volver a tener una vez más a la hija como una madre a su niño triste. Pero que no debía emprender nada, sino dejar que esa imagen actuara en su alma hasta que la consumación se dispusiera como por sí misma. Contó que al cabo de un año su hija había ido a casa, se había acurrucado callada e íntimamente a su lado y ella la había sostenido íntimamente largo tiempo. Entonces la hija se levantó y se fue. Ni la madre ni la hija habían dicho nada.

Por representantes de los padres

Cuando la madre o el padre no están disponibles los pueden representar unos auxiliares. En el caso del niño pequeño son parientes o educadores, en el adolescente acaso un psicoterapeuta diestro. Pero el auxiliar o terapeuta espera el momento adecuado. Se alía internamente con la madre o el padre del niño. Solo actúa como su representante y como por encargo de ellos. Ama al niño en lugar de los padres y dirige el amor del niño que, aparentemente, se le da, con un desvío hacia los padres. En cuanto el niño ha llegado junto a sus padres, él se retira. De ese modo, el auxiliar mantiene, con toda la intimidad, la distancia y se mantiene internamente libre.

La inclinación profunda

En el hijo adulto se opone a veces al movimiento amoroso, el hecho de que desprecia a sus padres o les hace reproches porque se cree mejor y quiere ser mejor que ellos, pero también porque quiere de ellos otras cosas que las que le dan. Entonces ha de preceder al movimiento hacia ellos una inclinación profunda.

Esta inclinación profunda es, ante todo, una ejecución interna. Pero gana profundidad y fuerza si se la hace visible y audible. Si, por ejemplo, se constela en un grupo comprensivo la familia de origen del niño y el «niño» se arrodilla ante los representantes de los padres, se inclina ante ellos hasta el suelo, les tiende los brazos con las manos con las palmas hacia arriba y se mantiene en esta postura hasta decirle a uno de ellos o a ambos: «Te hago —os hago— honor.» A veces añade: «Lo lamento» o «No lo sabía» u «Os he echado mucho de menos» o simplemente «Por favor». Solo entonces puede levantarse el hijo, puede moverse hacia sus padres con amor, abrazarlos íntimamente y decir: «Querida madre», «querida mamá», «querido padre», «querido papá» o simplemente «madre», «mamá», «padre», «papá» o como sea que el hijo se hubiera dirigido a sus padres.

Es importante que, durante todo el proceso, los representantes de los padres no digan nada, pero, sobre todo, que no se acerquen al hijo cuando se inclina ante ellos, sino que acepten la manifestación de respeto en lugar de los padres hasta que se haya satisfecho el respeto y se derrita lo que separa. Solo en el abrazo se le acercarán también, precisamente con su abrazo.

Si, durante una constelación familiar, no se le puede exigir al afectado la inclinación ni el movimiento amoroso, su representante en la constelación puede representarlo también aquí y decir y hacer lo oportuno por él. Eso, a veces, puede ser incluso más eficaz que si lo realiza el propio afectado.

El movimiento amoroso más allá de los padres

El movimiento amoroso hacia nuestros padres y la inclinación ante ellos se logran cuando al mismo tiempo van más allá de los padres. Vivimos esa reverencia, cuando se logra, como aprobación de la propia procedencia y sus consecuencias y como la realización más completa de nuestro destino. Quien logra el movimiento y la inclinación en este sentido pleno también puede estar derecho y con dignidad como hijo al lado de sus padres, como a la misma altura que ellos, ni demasiado alto ni demasiado bajo.

AYUDAR A LOS NIÑOS CON CUENTOS

A menudo ocurre que los niños saben interiormente qué necesitan. Pero no quieren que se les diga. Ha de proceder de su propio conocimiento interior. Entonces se le cuentan al niño determinados relatos que lo ayuden a superar una dificultad. Se les cuentan estas historias de tal manera que uno se alía con el buen entendimiento del niño, se alía amorosamente, como con un confidente.

Hay que tener en cuenta una cosa más. El inconsciente no conoce la negación. Cuando los padres le dicen, por ejemplo, a un niño: «¡Vigila que no te caigas!», el alma oye: «¡Vigila que te caigas!» El «no» no se oye en el alma. Por eso es útil expresar estas frases afirmativamente, es decir sin «no». Por ejemplo: «¡Cuídate!», «¡Llega bien a la escuela!», «Maneja el cuchillo con cuidado.» Por eso es importante expresar positivamente las frases que un niño dice en un cuento.

EL GRIFO GOTEA

Los padres tienen a veces problemas porque sus hijos ya algo mayores todavía se orinan por la noche. A esos niños se les pueden contar cuentos en los que se incluyen pequeñas escenas. Por ejemplo se cierra un grifo o se repara un canalón.

La Caperucita Roja, por ejemplo, llega a casa de la abuela, quiere entrar y se da cuenta de que el canalón gotea. Se dice: «Primero arreglaré esto.» Va al cuarto de herramientas, coge un poco de pez, toma una escalera, sube, tapa el canalón para que no se moje la entrada y luego entra a la casa de la abuela.

O uno de los siete enanitos se queja a Blancanieves porque hay goteras y que por la mañana se ha despertado empapado. Blancanieves le dice: «Lo arreglaré enseguida.» Cuando los enanitos se han ido a trabajar, ella trepa al tejado, ve que solo se ha movido una teja y la coloca en su sitio. Cuando el enanito vuelve por la noche está tan cansado que se olvida de preguntar por el tejado. A la mañana siguiente también se olvida, pues todo estaba arreglado.

Un padre, cuya hija se orinaba de noche, le contaba cuentos así antes de dormir, que tuvieron efecto inmediato. A la mañana siguiente, la cama estaba seca. Pero, al mismo tiempo, comprobó otra cosa curiosa.

Antes, cuando le contaba cuentos por la noche a su hija, esta controlaba que siempre contara el cuento de la misma manera, sin añadir ni saltarse nada. Pero con estas modificaciones no protestaba, sino que las aceptaba con naturalidad. De ahí podemos ver que el alma sapiente del niño se alía con el narrador. El alma quiere la solución sin que se le diga abiertamente, de modo que el niño pueda hacer lo nuevo desde el entendimiento y el estímulo.

Está claro que la niña percibía qué había dicho el padre,

pues, si no, no habría tenido efecto. Pero como el padre no llamaba al problema por su nombre, respetaba el pudor de la niña. La niña se sentía respetada porque él la tratara con tanta consideración y podía reaccionar.

¿Por qué el niño se orina en la cama? No hace falta que se lo digamos. También sabe que no debería hacerlo. Tampoco eso hace falta que se lo diga nadie. Si le damos un consejo o le llamamos la atención sobre el problema se siente inferior. Si sigue el consejo, los padres han ganado autoestima y el niño la ha perdido. Se protege contra la pérdida de autoestima rechazando el consejo. Precisamente porque le hemos dado un consejo ha de hacer otra cosa para conservar su dignidad. La dignidad es lo más importante para cualquier persona, también para un niño. El niño solo puede seguir gustosamente un consejo si percibe en él un amor profundo.

LA DESPEDIDA

Lo que a menudo nos obstaculiza en el presente es que estamos ligados a algo viejo en la infancia. Porque siempre llevamos con nosotros las diferentes edades de nuestro desarrollo. O sea que, a mi lado, voy yo a los dos años, y a los cinco años, y a los diez y a los quince y a los diecisiete, más o menos hasta entonces. Vamos por ahí como un grupo de nosotros. ¿Podéis imaginároslo? O sea, que cada uno es un grupo de sí mismo.

A veces, eso que llevamos se convierte en un lastre. El paso de uno a otro se logra si lo anterior se puede dejar atrás. Entonces se consigue la transición.

O sea, cuando se pasa por la puerta, lo que está afuera se

queda fuera. Salvo que lo carguemos con nosotros. Entonces hay una dificultad en dejar algo atrás.

Hay una historia bíblica de un tal Jacob. Peleó toda una mañana con un ángel junto al vado de Jacob. Entonces decidieron separarse. Jacob le dijo al ángel: «No te dejaré ir si no me bendices.»

Así ocurre con nuestras diferentes edades. El niño pequeño solo nos deja ir cuando nos ha bendecido y nosotros estamos abiertos a la bendición de ese niño. Eso vale para cada edad, pero sobre todo para el niño pequeño.

Lo que nos hace felices

¿QUÉ HACE FELICES A LOS HOMBRES?

Esta es la cuestión. ¿Quién es más feliz? ¿Cuándo hemos sido más felices? El más feliz es un niño al pecho de su madre. ¿Hay algo más feliz que esta relación íntima? Eso todavía vale para nosotros hoy. Somos más felices en conexión con nuestra madre y luego con nuestro padre. En el curso de nuestra vida puede que haya intervenido algo que nos haya alienado de nuestra madre. Entonces nos quedamos vacíos. Sin madre estamos vacíos. Falta algo.

El sentimiento básico

Hace muchos años estuve cuatro semanas como terapeuta invitado, en Chicago, con un matrimonio de terapeutas. El director dijo una vez en un grupo que toda persona tenía un sentimiento básico. A ese sentimiento básico se retiraba una y otra vez, pues en ese sentimiento básico es donde siente menos estrés. Cada uno puede comprobar inmediatamente en sí mismo qué le ocurre con su sentimiento básico. Se pone uno, por ejemplo, una escala de menos cien a más cien. Ese hombre dijo que uno nunca puede modificar su sentimiento básico, que uno siempre retorna a ese sentimiento. Podemos comprobarlo en nosotros: ¿dónde estamos situados en esa escala de menos cien a más cien? Es en el campo negativo (y dónde en él) o es en el campo positivo (y dónde). Cada uno lo sabe de inmediato. Si miráis a otras personas también lo sabéis de inmediato. Se puede ver enseguida dónde está situado uno en esta escala de la felicidad.

O sea que el director del grupo afirmó que no se puede modificar el sentimiento básico. Pero uno de mis bonitos descubrimientos ha sido que sí se puede modificar. Porque yo lo modifiqué en mí. Así me di cuenta.

En un seminario sobre terapia familiar, el terapeuta trabajó personalmente conmigo. Se llamaba Les Kadis. De repente vi con su ayuda qué había hecho mi madre por mí. Quedé anonadado al ver de repente todo lo que mi madre había hecho por mí. Siempre estaba ahí. Y era una mujer valerosa. Durante el nacionalsocialismo no se la pudo convencer de nada en absoluto. Cuando me negaron el diploma de bachiller por ser un elemento potencialmente antisocial ella fue a la dirección de la escuela y peleó como una leona por mí. Finalmente me dieron el diploma de bachiller. A esas alturas hacía ya un año que me había reclutado el ejército.

O sea que de repente me di cuenta de qué mujer especial era mi madre. De repente pude incluirla en mi corazón, totalmente, tal como era. Al tiempo me di cuenta cómo de pronto mi sentimiento básico había subido 75 puntos de una vez. 75 puntos. O sea que la conexión con la madre crea felicidad. Hace feliz a la gente.

La felicidad en la pareja

¿Cómo sueña la mayoría su felicidad? En la pareja, claro está. Ahí he hecho otro descubrimiento particular más. ¿Os lo cuento? Si ambos miembros están en conexión con su madre serán felices.

Algunas personas son solitarias. Algunas mujeres son solitarias, algunos hombres también lo son. Pues bien, he resumido mi descubrimiento a ese respecto en una frase: sin madre no hay pareja. Algunas mujeres dicen: «Quiero tener de una vez a un hombre.» Eso no funciona. Primero hay que tener a la madre, entonces también se obtendrá a un hombre. Sin madre no hay marido. Eso también vale, por supuesto, para el hombre. Sin madre no hay mujer. Pero en este caso no lo sé seguro, porque algunas mujeres quieren ocupar el lugar de la madre y hacer feliz al hombre de ese modo. Pero ya sabemos lo que resulta.

O sea que este es el primer camino a la felicidad, que nos mantengamos conectados con nuestras raíces y nos extendamos y seamos felices desde allí.

EL INSTANTE

Aún quiero decir algo más sobre la felicidad. ¿Cuál es el secreto de la felicidad? ¿Dónde se cumple la felicidad? En el instante. Toda la felicidad está en el instante. ¿Qué se opone a la felicidad? La desviación del instante. Bien porque se mire atrás, bien adelante. Entonces se olvida el instante. Entonces también se ha olvidado, con el instante, la felicidad del instante. Permanecer en el instante es una disciplina elevada que podemos practicar.

Toda vida es en el instante, solo en el instante. Está plenamente en el instante. En el instante, ahora, está cumplida la vida. Abrimos el corazón para ese instante, gozamos de ese instante, agradecidos por ese instante.

En el instante no hay lamentación, tampoco temor. Todo temor está asentado en el futuro. Toda lamentación está asentada en el pasado. En el instante estamos sin lamentación y sin temor.

¿Por qué los niños son felices tan a menudo? Porque solo están en el instante.

Quiero decir algo más sobre el instante. Vivir de instante en instante también significa morir de instante en instante. En cada instante se deja atrás lo viejo.

EJEMPLO: EL TRABAJO

HOMBRE: Se trata del tema del trabajo.
HELLINGER: El problema del trabajo es fácil de resolver.

Hellinger coloca primero al hombre y luego, frente a él, a una representante del trabajo. El trabajo retrocede un paso y se aparta.

HELLINGER: No es de sorprender que no tengas trabajo. No le gustas. No le gustas al trabajo. Está enfadado contigo porque no lo respetas. El trabajo te rehúye. Pero no es debido al trabajo. ¿Y, quién era el trabajo?
HOMBRE: Era algo que está muy lejos de mí. No había un movimiento hacia allí.
HELLINGER: ¿Quién era esto, el trabajo? Era tu madre. Sin madre no hay trabajo. ¿Qué le has hecho?
HOMBRE: De momento siento que está apartado de mí.
HELLINGER: Mi pregunta era muy concreta.
HOMBRE: Me fui.
HELLINGER: ¿Qué significa eso?
HOMBRE: Tengo poco contacto con ella. Me ha apartado.

HELLINGER: ¿Qué le hiciste?

HOMBRE: Me he apartado de ella.

HELLINGER al grupo: Creo que seguirá en paro. No se puede hacer nada. Sin madre no hay trabajo. Quien se aparta de la madre se aparta del trabajo, y el trabajo de él.

HELLINGER al hombre: Le hiciste algo que le dolió. Cierra los ojos.

El hombre se tapa la cara con las manos y empieza a sollozar.

HELLINGER al cabo de un rato: ¿Vive todavía tu madre?

HOMBRE: Sí. Mi padre ya ha muerto.

HELLINGER: Pues todavía tienes alguna oportunidad, ahora te has comunicado con ella, bien, muy bien. Te haré un par de propuestas concretas.

Le escribirás una carta. Entonces recorres tu infancia, desde tu nacimiento, y miras todo lo que ella ha hecho por ti, todo el tiempo. Eso se lo escribes, y lo tomas todo en tu corazón. Tomas en tu corazón todo lo que te ha regalado.

El hombre asiente.

HELLINGER: Exacto. Y al final le escribes también: siempre que me necesites estaré contigo.

El hombre está muy conmovido.

HELLINGER: Pronto encontrarás trabajo.

Ambos ríen ruidosamente.

HELLINGER al grupo: Se ha puesto feliz. Bien. Las madres hacen felices, no cabe duda.

HELLINGER al hombre: Vale, lo dejaré así.

HELLINGER al grupo: Quiero decir algo más en este contexto.

TOMAR TOTALMENTE A LOS PADRES

A veces miramos a nuestra madre y a nuestro padre y pensamos: allí fallaba algo. No eran perfectos.

Algunos tienen expectativas muy raras puestas en sus padres, como si tuvieran que ser como Dios. No del todo, solo un poco mejores, claro está.

Es terrible lo que les hacemos a nuestros padres con esas expectativas. Porque nos consideramos con derecho a pedirles cuentas por no haber sido como Dios. Pero solo porque eran comunes, con defectos, casi los mismos defectos que tenemos nosotros mismos, crecimos y nos hicimos aptos para la vida. Solo porque nuestros padres eran comunes, con defectos, hemos podido hacernos aptos para la vida.

Tuve una experiencia curiosa, conmigo mismo. Antes conté cómo subió tanto en mí el sentimiento básico. O sea que tomé a mi madre en mi corazón, totalmente. Lo curioso fue: todo aquello que creía que podría criticarle, es decir que hubiera podido ser mejor, se quedó afuera. Muy curioso. Si tomamos en nuestro corazón a la madre y al padre como son, se quedan totalmente en nuestro corazón sin aquéllo a lo que de alguna manera podríamos objetar. Es una experiencia bonita. Si lo digo es porque también sirve para otros.

FELICIDAD POR LA BENEVOLENCIA PARA TODOS

¿Qué hace feliz a la gente? ¿Qué me hace feliz? ¿Cómo seré feliz? Abriendo el corazón a todo el mundo, a todos por igual. Abierto no significa que los ame a todos emocionalmente. Sino que estoy abierto a ellos con respeto y un amor espiritual. Que estoy abierto a ellos yendo con un movimiento creativo que actúa detrás de todo, que está abierto por igual a todo. No me lo puedo imaginar de otro modo.

Si excluyo a alguien de mi atención pierdo mi felicidad. ¿Cómo es que alguien excluye a otro? Cuando se cree mejor. Todos los que se creen mejores excluyen a alguien. Todos los que juzgan negativamente y condenan a otro lo excluyen. Esta arrogancia procede de la moral. Esta arrogancia llega tan lejos, si se piensa en ello, que los arrogantes por moral dicen: «Este puede vivir, y este no.» ¿No es atroz esta arrogancia tras la moral? Pero esos moralistas no son felices. Seguro que no.

La felicidad procede de la atención. Dicha atención es una prestación y un ejercicio de por vida. Es el logro de la vida de por sí. En el fondo no es más que la benevolencia hacia todos. Yo quiero bien a toda persona.

Podemos rastrear en nosotros qué ocurre si lo ejercitamos. Puede que exista uno u otro con quien estemos enfadados. Entonces lo miramos y le decimos: «Te quiero bien, en todos los aspectos.»

La benevolencia hace feliz. La malquerencia, por el contrario, hace infeliz, y no solo a los otros, sino también a mí mismo.

Se puede comprobar en uno mismo la benevolencia y renovarla. Yo la compruebo a menudo. Porque me he dado cuenta de que, cuando me pongo intranquilo o ansioso, ya no estoy en conexión con mi alma ni con mi corazón. Entonces me siento por la noche —si no puedo por la noche, como muy tarde a la mañana siguiente— y me pregunto: «¿A quién le he negado mi benevolencia?» De repente esas personas se me presentan interiormente. Vuelvo a abrirme a ellas con benevolencia, simplemente así, con benevolencia y sin juicio. Entonces vuelvo a estar tranquilo. Este es otro modo de ser feliz: feliz por benevolencia.

FELICIDAD E INFELICIDAD

Cuando en el presente dejamos en paz a los del pasado, cuando ya no aceptamos nada de ellos y pueden hacer su propio camino, encuentran la paz. Es, pues, grave si algunos creen tener que hacer todavía algo por los muertos. Vengarlos, por ejemplo, o cargar con o equilibrar algo por ellos. Se meten en algo que no les importa. Esta es una de las causas que hacen infeliz y llevan a la desgracia. Puede que deba explicar algo más detalladamente qué actúa detrás de algo así.

La felicidad de la pertenencia

Uno de mis descubrimientos fundamentales se refería a los modos de funcionamiento de la conciencia. Por decirlo así, he bajado la conciencia del cielo a la tierra. Porque vi de repente que la conciencia es un instinto, no algo espiritual. Un perro también tiene conciencia. ¿Habéis observado que un perro también tiene a veces mala conciencia? O sea que la conciencia es algo instintivo. Solo se encuentra en grupos o manadas. Cuando un miembro de la jauría ha hecho algo que podría excluirlo de ella tiene mala conciencia. Entonces cambia su comportamiento para volver a pertenecer a ella.

La conciencia nos une al grupo importante para nuestra supervivencia. Nos vincula sobre todo a ese grupo, pero también a todos los otros grupos con los que queremos estar en conexión.

La conciencia es un órgano de percepción instintiva. Se puede comparar la conciencia con el sentido del equilibrio. El sentido del equilibrio también es un órgano de percepción instintiva con cuya ayuda podemos comprobar de inmediato si estamos en equilibrio o no. De modo parecido podemos percibir a través de nuestra conciencia si todavía podemos formar parte o no. En cuanto hemos hecho algo que nos excluiría tenemos mala conciencia. Entonces cambiamos nuestra conducta para poder volver a formar parte. Si podemos formar parte nos sentimos felices e inocentes. Esta es, en el fondo, el ansia más profunda de toda persona: formar parte. Por eso no existe tampoco desgracia mayor que ser excluido.

¿Cómo castigamos a los delincuentes? Mediante la exclusión, claro. Los metemos en prisión o los matamos. La exclusión es lo peor que hay para nosotros. Al revés, nuestro mayor bien es la pertenencia. Con la ayuda de la conciencia sabemos, pues, qué es bueno para el grupo y qué es malo para él.

La felicidad ciega

Quisiera explicarlo algo más detalladamente. Un niño lo hace todo para formar parte. La pertenencia le es más importante que la propia felicidad y la propia vida. Por pertenecer muchos sacrifican la vida. Por ejemplo, los soldados y muchas personas que se emplean por los demás, están dispuestos a sacrificar su vida por la comunidad, como se dice. Pero se trata de la pertenencia. ¿Cuándo se honra especialmente a alguien? Cuando ha hecho con riesgo de su vida algo por el grupo al que pertenece.

A veces, por formar parte, alguien dice frases interiores: le dice, por ejemplo, a su madre difunta o a su padre difunto o a un hermano difunto: «Yo te sigo.» Detrás de eso actúa un gran amor. Pero es un amor que lleva a la muerte. O cuando un niño percibe que su madre quiere morir, o su padre, les dice internamente: «Yo en tu lugar.» Entonces puede que muera o que enferme. Lo vemos, por ejemplo, en la anorexia. La anoréxica se dice en su corazón: «Mejor desaparezco yo que tú.» ¿Quién? Dice «querido papá», por regla general. La mayor parte de las veces lo hace por el padre. Esto es amor. Este amor procede de la conciencia.

Cuando mueren niños o adultos así, todos tienen una buena conciencia. Se sienten inocentes y encima son felices. ¡Dios mío, qué felicidad! ¡Y qué desgracia para aquel al que dicen: «Mejor yo que tú»! ¿Cómo se siente el padre cuando la hija le dice internamente: «Yo muero en tu lugar»? ¿Eso lo hace feliz?

Esta es una necesidad que viene de la conciencia. Por una parte hace feliz, por otra no está en consonancia con la vida. La gran felicidad está en consonancia con la vida.

La felicidad es más que el sentimiento de inocencia

Pero, y este es otro descubrimiento fundamental, resulta que hay dos conciencias, una superficial y otra de fondo, oculta. Esta otra conciencia es inconsciente en nuestra cultura. Es una conciencia arcaica. Es la conciencia más antigua, precede a la conciencia moral, la que sentimos. Esta conciencia es una conciencia grupal. Vigila que se observen en el grupo determinadas leyes. La primera ley es: esta conciencia no tolera una exclusión.

Con la conciencia moral excluimos a otros al creernos mejores. Con esta conciencia no existe eso. Todos los que forman parte tienen el mismo derecho a formar parte. Esta es una ley férrea de esa conciencia.

Imaginaos la vieja horda, a la gente que vivía en hordas. ¿Podían excluir a alguien? ¿Era imaginable? Esta conciencia las ha matenido unidas. No se podía excluir a nadie. Habría sido lo peor para la horda. Ni se les ocurría. Todos formaban parte.

Hoy existen todavía grupos primigenios. En ellos se muestra de qué es capaz esa conciencia originaria. Hace algún tiempo hablé en Canadá con un jefe indio. Me dijo que en su lengua no había una palabra para justicia. No tienen conciencia en nuestro sentido. Con esta conciencia clamarían enseguida por la justicia. Están en consonancia con la conciencia originaria. Le pregunté al jefe: «¿Qué hacéis entonces con un asesino?» Él dijo: «Lo adopta la familia de la víctima.» Es decir que no existe la exclusión. Están en consonancia con esta conciencia arcaica.

Esta conciencia también actúa en nosotros, pero es

ampliamente inconsciente. ¿Cómo actúa? Si excluyo a alguien de mi corazón me vuelvo como él, exactamente como él.

Otra cosa. Más tarde, alguien del grupo ha de representar al excluido por identificación, sin darse cuenta. Esto es el enredo. Viene de esa conciencia arcaica.

Esa conciencia arcaica todavía obedece a una segunda ley fundamental, a saber: los llegados más tarde vienen, en todos los aspectos, más tarde. Eso significa: todos los anteriores tienen prioridad sobre los que han llegado más tarde. Por eso, nadie que haya llegado más tarde puede hacerse cargo de algo por alguien que estaba antes. Toda infracción de esta ley se castiga severamente con la desgracia. La infracción de esta ley lleva a la desgracia.

Si alguien dice: «Te sigo», contraviene esta ley. Si alguien dice: «Me hago cargo por ti», contraviene esta ley. Pero infringe la ley con buena conciencia. Esto es lo extraño, porque ambas conciencias se oponen mutuamente.

¿Cómo alcanzamos la felicidad? Dando prioridad a la conciencia arcaica. Esto es una renuncia a la inocencia ante la conciencia moral. Esa otra conciencia exige más. Entonces estamos en conexión con mucha más gente.

Tragedias

Todas las tragedias y, por tanto, también las tragedias familiares surgen porque uno nacido más tarde se hace cargo, con buena conciencia, de algo por uno nacido antes. Por ejemplo al querer vengarlo o hacerse cargo de algo por él. Todas las tragedias terminan con la muerte del protagonista, a pesar de tener buena conciencia y de actuar por amor.

O sea que el amor es más que el sentimiento de inocencia. Mucho más. Y es un logro. Un logro del alma, a través del conocimiento.

VIBRAR JUNTOS

A veces podemos ayudar a alguien con una sola frase. ¿Cómo se puede hacer algo así? Para eso necesito una imagen.

Nos imaginamos a una pareja. Allí está el hombre y a su lado la mujer. Ambos vibran con un sonido propio, su sonido. Cada uno tiene su propio sonido. A pesar de sonar de modo diferente, vibran juntos. Esto es una relación en armonía. Pero aún ocurre algo más en el alma. Si solo se quedan en este sonido no basta. Cada uno va al mismo tiempo a los concomitantes altos de su sonido. Cuanto más arriba llegan, tanto más parecidos se hacen. Este es entonces el nivel espiritual en el que vibran juntos. Quien quiera puede comprobarlo en sí.

Los padres pueden hacerlo del mismo modo con sus hijos. Cada niño tiene un sonido propio. Los padres vibran con su sonido y con los concomitantes altos. De pronto, los padres y los hijos vibran juntos en lo alto.

Pero hay que tener en cuenta algo más. También hay entre ellos concomitantes bajos, que van a lo profundo. Eso no se puede comprobar matemáticamente, solo es una imagen. Pero el alma lo siente. También ahí podemos vibrar juntos con otros, en lo profundo.

¿Qué por qué he contado eso? En primer lugar, hace feliz si nos introducimos así y podemos vibrar al unísono. Pero si viene alguien y me pide ayuda en un problema, también vibro con él, con su sonido. Pero no en el mismo sonido, sino en los concomitantes altos, donde de pronto vibramos juntos. Entonces entra en juego algo espiritual. Por esa vibración armónica comprendo a veces con la velocidad del rayo qué importa para una solución. A menudo solo es una frase, a veces incluso solo una palabra. Eso es entonces todo lo necesario.

Ese modo de ayudar y de la ayuda vital es la condensación extrema de este trabajo. Está lleno de atención y de respeto, sin que surja una relación. Cada uno se queda consigo en su campo y, no obstante, durante un breve tiempo hubo una vibración conjunta.

LA FUERZA ORIGINARIA

Rilke escribe en un poema breve de su Libro de horas: *Toda vida es regalada.* Toda vida es regalada: mi vida es regalada, la vida de mi pareja es regalada, la vida de mis padres es regalada, la vida de mis hijos es regalada, toda vida en la naturaleza es regalada. ¿Qué significa eso?

Detrás de nuestra vida actúa una fuerza originaria, un motivo fundamental o una fuente originaria de toda vida, en la que actúa y también sufre del mismo modo toda vida. O sea, cuando el otro miembro de la pareja sufre, sufre en él otra fuerza más grande. Superficialmente también podemos decir: Dios sufre en él. En toda criatura que sufre también sufre Dios.

Y al revés. Cuando alguien actúa de modo destructivo, un asesino, por ejemplo, o soldados en guerra o bandas o lo que sea: ¿quién actúa en ese caso? ¿Actúan ellos? ¿O actúa Dios a través de ellos? Rechazamos esta idea. Pero ¿podemos hacerlo? ¿Existe alguna reflexión que se acerque más a esta realidad y se le corresponda más? ¿Y qué efecto tiene si se asiente a esta reflexión: Dios sufre en todo y Dios actúa en todo en igual medida? La interacción de destrucción y construcción, ambas cosas, y de enfermedad y curación o de destrucción y progreso, la increíble interacción que se realiza en todo: lo que ocurre es un movimiento divino. La conjunción de dolor y alegría o de destrucción y construcción, y de vida y muerte, es una interacción divina. Es la misma fuerza que actúa en ambas cosas. Esta interacción lleva al mundo adelante. Todo lo creativo procede de un conflicto así, en el que hay derrota y victoria, ambas cosas. Por eso camina adelante el mundo.

La serenidad

Si hacemos estas consideraciones hemos de dejarnos totalmente al margen, como si no fuéramos importantes como individuos, como si nuestro dolor no fuera importante, como si nuestro duelo no fuera importante o nuestra felicidad. O como si nuestro éxito no fuera importante o nuestra vida o nuestra muerte. Un poema de Rilke dice a ese respecto:

Hay uno que toma a todos en su mano
de modo que fluyen como arena entre sus dedos.
Elige a las más bellas entre las reinas
y las hace tallar en mármol blanco
tendidas en la melodía del manto;
y tiende a los reyes junto a sus mujeres
hechos de la misma piedra que ellas.

Hay uno que toma a todos en su mano
de modo que sean como hojas malas y se quiebren.
No es un extraño, pues vive en la sangre
que es nuestra vida y fluye y reposa.
No puedo creer que haga mal
pero oigo decir mucho mal de él.

De repente nos volvemos increíblemente serenos. Miramos todo tal como es y lo aprobamos. Al volvernos tan serenos nos ponemos en armonía con ese movimiento, tal como es. Entonces se consuma en nosotros algo grande. Ya no lo común, sino algo grande: la armonía con el todo, tal como es. En esa armonía podemos encontrarnos con otra persona tal como es, exactamente tal como es. Pues solo tal como es actúa en ella lo divino. No de otro modo, solo tal como es. Aprobarlo, tal como es, su dolor y su alegría, su vida y su muerte, nos pone en armonía con movimientos grandes. Miramos afuera de nosotros. ¿Qué pinta mi yo en este contexto? Entonces nos lleva algo infinito.

Las constelaciones familiares

EL FUTURO DE LAS CONSTELACIONES FAMILIARES

Lo que al principio de las constelaciones familiares se mostró como algo muy sencillo alcanza actualmente dimensiones que nos desafían de una manera que no podíamos prever al principio. Son dimensiones espirituales que se imponen con un poder que a algunos les da miedo. Prefieren aferrarse a los inicios de las constelaciones familiares e incluso retroceden más atrás, combinando las constelaciones familiares con otros métodos e incluso sometiéndolas parcialmente a estos.

Para muchos ha sido un choque que en las constelaciones familiares espirituales, en la mayor parte de los casos, ya no se necesita una constelación en el sentido habitual, más aún, que la constelación habitual, tal como se aplicaba al principio, puede incluso ser un obstáculo para una solución de amplio alcance.

Los inicios

Me refiero a las constelaciones familiares en las que un cliente elige representantes de los miembros de su familia de entre un grupo de participantes y luego los coloca en una relación espacial entre sí. A continuación se les pregunta a los representantes cómo se sienten en su sitio. De sus respuestas resultan indicaciones sobre qué hay que modificar en la constelación y a quién más hay, eventualmente, que añadir. Se había encontrado la solución cuando todos se sentían bien en su sitio.

De esas constelaciones resultaban conocimientos profundos de los órdenes del amor en las relaciones humanas. Estos conocimientos rompieron una barrera. Han abierto nuevas posibilidades de solución y de ayuda que antes eran inaccesibles.

La conciencia

Sin embargo, el conocimiento decisivo, el conocimiento que en realidad lo revolucionó todo, no provino de la constelación familiar. Pero le ha señalado a esta una dirección en la que se ha desarrollado cada vez más y cuyo fin no se puede prever todavía. Este conocimiento es espiritual. Se nos regala en una vía de conocimiento espiritual. Fue el conocimiento de los modos en que actúa nuestra conciencia. No solo nuestra conciencia sentida, que sentimos como buena y como mala conciencia, fue sobre todo el conocimiento de una conciencia que actualmente nos es mayormente inconsciente, que está sujeta a otras leyes que nuestra conciencia consciente.

El campo de la conciencia ha abierto a la constelación familiar la puerta a aquel campo espiritual que vincula a todos los miembros de una familia de tal manera que hace que cada uno se convierta en el destino para el otro. La familia se vive aquí en un sentido amplio, que también incluye a aquellos que no tienen lazos de sangre con los demás miembros, sino a los que actúan con su destino en la familia consanguínea.

Si se lo deja entregado a sí mismo, este campo espiritual se resiste al cambio. Lo que no se ha resuelto en una generación, por ejemplo, se repite de modo similar en la siguiente. Porque lo no resuelto vincula a los miembros de la familia entre sí y les da seguridad. Es la seguridad de la pertenencia.

¿Qué es, exactamente, lo que mantiene unido este campo espiritual y provoca la repetición de lo no resuelto? La conciencia.

Los movimientos del alma

Resulta que a través de un nuevo modo de constelaciones familiares se reveló otra dimensión de este campo espiritual. El proceso fue muy sencillo. En lugar de constelar una familia al modo habitual se colocaba solo a una o dos personas, bien al cliente o a su representante solos, o con él aquella persona con quien tenía el conflicto, a la que, por ejemplo, había rechazado. De repente el cliente y los demás representantes se veían sobrecogidos por una conmoción interior a la que no se podían resistir. Esta conmoción, este movimiento siempre va en la misma dirección. Reúne lo que antes estaba separado. Siempre es un movimiento de amor. Interrumpe la repetición de lo no resuelto y abre caminos de solución más allá de nuestra conciencia.

Lo decisivo era que ya casi no se necesitaba conducción externa. El alma buscaba y encontraba la solución por sí misma, a menudo incluso más allá de los órdenes del amor acostumbrados. Pero solamente, por cierto, cuando se le dejaba su espacio y su tiempo y si el director de la constelación mismo estaba en armonía con esta dimensión del alma y se dejaba guiar por ella. ¿Cómo? Cuando también él, más allá de los límites de la conciencia, dejaba que lo separado se reuniera con amor.

Primero he llamado este modo de constelación familiar «movimientos del alma». También pensé que estos movimientos venían del campo que vincula fatalmente a los miembros de la familia entre sí. Pero al cabo de cierto tiempo se me mostró que aquí actúa otra dimensión espiritual, más allá del campo de la conciencia, de modo que tenemos que distinguir el campo espiritual de la conciencia de ese campo espiritual de mayor alcance.

Los movimientos del espíritu

¿Cuál era aquí el conocimiento espiritual fundamental que conduce más allá? El movimiento del espíritu es un movimiento creativo que pone en movimiento y mantiene en movimiento todo lo que se mueve y cómo se mueve. Este espíritu está detrás de todo movimiento tal como es y está abierto a él tal como es. Por eso solo podemos armonizar con este movimiento y mantenernos en armonía con él si también nosotros estamos abiertos a todo, tal como es, del mismo modo. Sobre todo si estamos abiertos a todos los hombres, tal como son, también a su familia, también a su destino, también a su culpa.

Aquí se hace visible qué significa, en último término, para nosotros y para las constelaciones familiares, que vayamos con este movimiento del espíritu o, más exactamente, cuando estos movimientos nos mueven y nosotros nos movemos en armonía con ellos.

¿Podemos volver atrás en estos conocimientos? Solo a un precio muy alto. ¿Cuál es este precio? Caemos de nuevo en el cepo de la conciencia o en un movimiento contra el amor abarcador.

FELICIDAD QUE PERMANECE

Yo me he encaminado por este camino del espíritu. Lo que eso significa para las constelaciones familiares lo muestro desde hace algún tiempo en muchos cursillos, sobre todo en cursillos de formación. Describo este camino en mis libros de la última época y lo documento en diversos DVD y CD.

Este camino conduce a otro futuro de las constelaciones familiares, a las constelaciones familiares espirituales, a un futuro espiritual.

En esta misma editorial

DIDÁCTICA DE CONSTELACIONES FAMILIARES
El intercambio
BERT HELLINGER

Este libro documenta numerosas supervisiones realizadas por el propio Bert Hellinger. En gran número de ejemplos se pone a la vista del lector cuán sorprendentemente diferentes, sencillas y de gran alcance pueden ser las soluciones. El libro también muestra qué camino ha recorrido la constelación familiar desde sus inicios hasta hoy.

VIVIR EN EL ALMA
Amar lo que es, amar lo que somos y amar a los que son
JOAN GARRIGA BACARDÍ

Al recorrer estas líneas, aprenderemos a reconocer y habitar en forma inteligente el Alma Gregaria que nos vincula con nuestros grupos de pertenencia familiar y social. Luego, iremos poco a poco desplazando el foco hacia la Gran Alma para presenciar allí como emerge nuestro ser más auténtico.

¿DÓNDE ESTÁN LAS MONEDAS?
Las claves del vínculo logrado entre hijos y padres
JOAN GARRIGA BACARDÍ

Ya nos enseña Confucio que solo puede ser siempre feliz el que sepa ser feliz con todo. En esta línea, huyendo de los conformismos pasivos y de falsa resignación, descubrimos que la contraseña que abre las puertas de la realización personal se compone de una simple sílaba: SÍ.

En esta misma editorial

PENSAMIENTOS EN EL CAMINO
BERT HELLINGER

Bert Hellinger comparte con el lector sus *Pensamientos en el camino*. "En el camino" están desde varios puntos de vista: se trata de impresiones, descripciones y descubrimientos que nacieron mientras se encontraba de viaje, ya fuera en el tren o durante algún largo vuelo de avión, pero también en hoteles en los que se albergaba, y cuando no podía conciliar el sueño por la noche, o al atardecer, después de un curso de constelaciones.

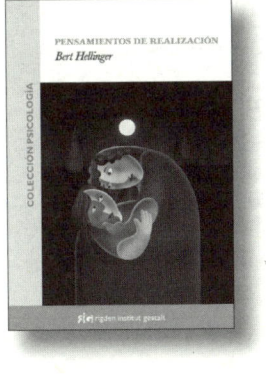

PENSAMIENTOS DE REALIZACIÓN
BERT HELLINGER

Pensamientos de realización es uno de los más bellos libros de Bert Hellinger, su testamento filosófico en vida y, en cierta forma, también su fórmula no secreta para el logro del éxito y la felicidad, logros que siempre parten de una entrega sin límites a algo Más Grande, a un motor primero, a una realidad espiritual.

EL VIAJE DEL HÉROE
Un camino de autodescubrimiento
ROBERT B. DILTS Y STEPHEN GILLIGAN

Este libro te explica cómo descubrir tu vocación y cómo emprender el camino de aprendizaje y transformación que te reconectará con tu espíritu, transformará las creencias y los hábitos limitantes, curará las heridas emocionales y los síntomas físicos, profundizará la intimidad y mejorará la autoimagen y el autoamor.

institut gestalt

institut gestalt
Verdi, 94 - bajos
08012 Barcelona
Telf. 34 93 2372815
Fax. 34 93 2178780
ig@institutgestalt.com
www.institutgestalt.com

ÁREA DE FORMACIÓN Y RECICLAJE PROFESIONAL

> Formación en Terapia Gestalt.
> Formación completa en PNL: Practitioner, Máster Practitioner, Trainer, PNL para el mundo educativo, etc.
> Formación en Hipnosis Ericksoniana.
> Formación en Constelaciones Familiares y en sus distintas especialidades: Pedagogía, Salud, Trabajo social, Organizaciones y profesión, Parejas, Ámbito jurídico y Consulta individual.
> Formación en Pedagogía Sistémica.
> Formación en Terapia Corporal.
> Formación en Intervención Estratégica.
> Formación en Coaching: Wingwave, Deportivo, Estratégico, Sistémico y Coaching con PNL.
> Talleres monográficos.
> Supervisión individual y en grupo.
> Desarrollo organizacional.
> Excelencia Directiva.

ÁREA TERAPÉUTICA Y DE CRECIMIENTO PERSONAL

> Terapias individuales, grupales, de pareja y de familia.
> Procesos de Coaching para personas y/o equipos.
> Tratamiento de trastornos del miedo, pánico, fobias, ansiedad, adicciones y obsesiones.
> Grupos de Crecimiento Personal y Trabajo Corporal.
> Constelaciones familiares, organizacionales y pedagógicas.
> Área de Terapias Creativas y Expresivas.
> Conferencias, coloquios, presentaciones de libros, etc.

PSICOTERAPIA, COMUNICACIÓN Y RELACIONES HUMANAS